Sozial
WIRTSCHAFT

Carola Reifenhäuser, Sarah G. Hoffmann, Thomas Kegel

Freiwilligen-Management

ziel

SozialWIRTSCHAFT
Diskurs

Carola Reifenhäuser, Sarah G. Hoffmann, Thomas Kegel

Freiwilligen-Management

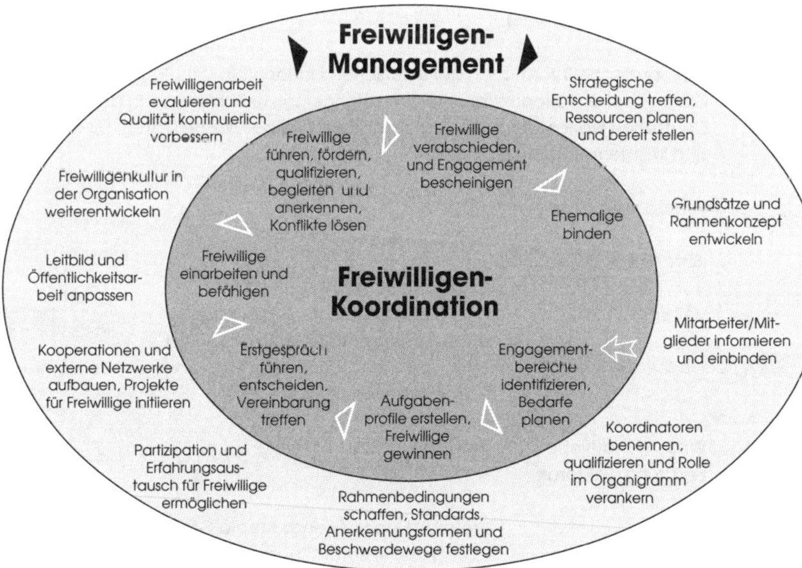

2. überarbeitete Auflage

ziel
Blaue Reihe

Theorie – Politik – Praxis

Wichtiger Hinweis des Verlags: Der Verlag hat sich bemüht, die Copyright-Inhaber aller verwendeten Zitate, Texte, Bilder, Abbildungen und Illustrationen zu ermitteln. Leider gelang dies nicht in allen Fällen. Sollten wir jemanden übergangen haben, so bitten wir die Copyright-Inhaber, sich mit uns in Verbindung zu setzen.

Inhalt und Form des vorliegenden Bandes liegen in der Verantwortung der Autoren. Aus Gründen der besseren Lesbarkeit wird im Text ausschließlich die männliche Form verwendet. Es sind selbstverständlich aber immer beide Geschlechter gemeint.

Bibliografische Information der Deutschen Nationalbibliothek
Die Deutsche Nationalbibliothek verzeichnet diese Publikation in der Deutschen Nationalbibliografie; detaillierte bibliografische Daten sind im Internet über *http://dnb.d-nb.de* abrufbar.

Printed in Germany

ISBN 978-3-940 562-68-5

Verlag:	ZIEL – Zentrum für interdisziplinäres erfahrungsorientiertes Lernen GmbH Zeuggasse 7–9, 86150 Augsburg, www.ziel-verlag.de 2. überarbeitete Auflage 2012
Wissenschaftliche Beratung/Lektorat:	Prof. Dr. Gotthart Schwarz
Grafik und Layoutgestaltung:	Stefanie Huber, Friends Media Group GmbH Zeuggasse 7, 86150 Augsburg
Gesamtherstellung:	Friends Media Group GmbH www.friends-media-group.de

Inhaltsverzeichnis

Abbildungsverzeichnis

Vorwort

Wer sich heute freiwillig und unentgeltlich engagieren möchte, findet eine Bandbreite von Möglichkeiten. Aktuelle Engagementangebote sind vielfältig und bunt und sie nehmen Rücksicht auf die Tatsache, dass mit dem gesellschaftlichen Wandel sich auch das Ehrenamt tiefgreifend verändert. Neben der Familie, Freunden, Reisen, Shopping und Sport nimmt im Alltag vieler Bürgerinnen und Bürger das ehrenamtliche Engagement auch weiterhin einen wichtigen Platz ein. Aber diese freiwilligen und unentgeltlichen Aktivitäten müssen sich in die zeitlichen Möglichkeiten und persönlichen Verhältnisse der Engagierten einpassen. Die Erfahrung zeigt: Menschen die Gutes tun und anderen helfen wollen, möchten dabei auch Spaß haben, nette Menschen kennenlernen und das Engagement mitgestalten. Sie suchen Aufgaben in einem klaren zeitlichen Rahmen und möchten sich nicht von vorn herein und auf unbegrenzte Zeit für alle anfallenden Aufgaben verpflichten. Manche beenden ihr Engagement auch nach einer gewissen Zeit oder wechseln ihr Einsatzgebiet. Ehrenamtliche möchten dies heute ohne schlechtes Gewissen tun können.

Für Organisationen, die auf das freiwillige Engagement setzen, bedeutet dieser Wandel des Ehrenamts eine große Herausforderung. Engagierte sind nicht mehr selbstverständlich da und sie wachsen auch nicht mehr quasi automatisch nach. Engagierte und Interessierte werden individueller und anspruchsvoller und es muss um sie geworben werden. Sie brauchen Anleitung und Begleitung, die Rahmenbedingungen der Einsätze müssen in der geeigneten Weise gewährleistet sein und es sind Formen des Dankes und der Anerkennung zu überlegen.

Seit Mitte der neunziger Jahre gibt es für Organisationen, Vereine, Institutionen und Kommunen vielfältige Instrumente, um dieses komplexe Aufgabe zu bewältigen. Mit dem Namen Freiwilligenmanagement haben der Expertenkreis der *beratergruppe ehrenamt* gemeinsam mit der Akademie für Ehrenamtlichkeit Deutschland ein umfassendes Konzept entwickelt, das hilft, engagementfreundliche Rahmenbedingungen zu implementieren, Ehrenamtliche in ihrem freiwilligen Engagement professionell zu begleiten und in Organisationen insgesamt eine Kultur zu etablieren, in der Ehrenamt und bezahlte Tätigkeiten sich sinnvoll ergänzen. Ehrenamtliches Engagement wird so attraktiver und gewinnbringend für alle.

Mit dem vorliegenden Band geben wir einen Einblick in die gesellschaftlichen Voraussetzungen, die institutionellen Rahmenbedingungen und operativen Aufgaben des Freiwilligenmanagements. Das erste Kapitel ist der Engagementgeschichte und dem aktuellen Stand des freiwilligen Engagements in Deutschland gewidmet. Wie die Tatsache, dass Freiwillige in einer Organisation aktiv sind, das Gesamtbild der Organisation beeinflusst und verändert, wir im zweiten Kapitel behandelt. Schließlich geht es im dritten Kapitel um die konkreten Aufgaben, die sich stellen, will man neue Freiwillige gewinnen, sie integrieren und gut begleiten sowie deren Einsatz angemessen würdigen.

Freiwilligenmanagement ist ein umfassendes Konzept, das dem Ehrenamt den Rahmen gibt, den es heute benötigt. Denn auch wenn das freiwillige Engagement unentgeltlich ist – es ist weder umsonst noch kostenlos.

Viel Spaß beim Lesen und Anwenden wünschen

Carola Reifenhäuser und Sarah G. Hoffmann

1. Soziologischer Hintergrund des freiwilligen Engagements

Sarah G. Hoffmann

Tun Sie gelegentlich etwas, womit Sie wenig oder gar nichts Verdienen – es zahlt sich aus.
Oliver Hassenkamp

1.1 Ehrenamt – freiwilliges Engagement – bürgerschaftliches Engagement

Für viele Menschen ist es selbstverständlich, neben ihrem Beruf und ihrem Engagement für die Familie, neben Erholung und Freizeitvergnügungen auch einen Betrag für das Gemeinwohl zu leisten. Diese Aktivitäten sind oft so selbstverständlich, dass bei der Frage nach ihrem ehrenamtlichen, freiwilligen oder bürgerschaftlichen Engagement Vielen auf Anhieb gar nicht einfällt, wo sie überall aktiv sind. Die Einsatzbereiche sind vielfältig und das Ausmaß des Engagements reicht von wenigen Stunden bis zum unbezahlten Vollzeitjob. Man engagiert sich im Sportverein, für die Umwelt oder die Kultur, übernimmt in Vereinen, in Kirchengemeinden oder Kommunen Verantwortung und hilft Schutzbedürftigen oder in Not geratenen Menschen.

Vielfalt des Engagements

Ein Blick auf die Vielfalt des Engagements zeigt:

Abb. 1: Vielfalt des Engagements

Das Feld ist weit und bunt und der Versuch, es nach eindeutigen Kriterien zu ordnen oder auf einen gemeinsamen Begriff zu bringen, ergibt wenig Klarheit und nimmt dem Ganzen seinen Reiz.

Im Deutschen gibt es, neben den oft eigentümlichen, zuweilen lustigen und manchmal nur für die direkt Beteiligten verständlichen Bezeichnungen, einige allgemeine Begriffe, die aus unterschiedlichen Traditionen stammen und in bestimmten Lebensbereichen bevorzugt oder vermieden werden:

Ehrenamt

Der Begriff Ehrenamt ist die klassische Bezeichnung für Tätigkeiten, deren „Lohn“ die „Ehre“ ist. Zu einem solchen „Amt“ kommt man üblicherweise durch Wahl, Berufung oder Beauftragung und es umfasst meistens einen definierten Verantwortungsbereich. Als „Ehrenamt“ gelten Positionen in Gremien (Gemeindeparlament, Vereinsvorstand etc), die Tätigkeit als Schöffe oder Vormund und die Wahrnehmung von Aufgaben in Bereichen, in denen Engagement gewissermaßen als selbstverständlich vorausgesetzt wird. Die Entscheidung für ein solches Ehrenamt beruht häufig auf einem inneren Bedürfnis oder einer moralisch-ethischen Verpflichtung. Vor allem in Kirchen und religiösen Gemeinschaften, aber auch in vielen traditionellen Vereinen und Verbänden wird gerne von „unseren Ehrenamtlichen“ gesprochen und damit die besondere Verbundenheit zwischen den Engagierten und der Organisation hervorgehoben. Ein möglicher Missbrauch dieser Form des Ehrenamts lässt sich folgendermaßen auf den Punkt bringen: „Viel Amt – wenig Ehre“. In einem Wilhelm Busch zugeschriebenen Gedicht wird dieser Aspekt ironisch überspitzt zum Ausdruck gebracht.

Nur kein Ehrenamt

Willst Du froh und glücklich leben
lass kein Ehrenamt dir geben!
Willst du nicht zu früh ins Grab
lehne jedes Amt gleich ab!

Wie viel Mühen, Sorgen, Plagen
wie viel Ärger musst Du tragen;
gibst viel Geld aus, opferst Zeit -
und der Lohn? Undankbarkeit!

Ohne Amt lebst Du so friedlich
und so ruhig und so gemütlich
Du sparst Kraft und Geld und Zeit,
wirst geachtet weit und breit.

So ein Amt bringt niemals Ehre
denn der Klatschsucht scharfe Schere
schneidet boshaft Dir, schnipp-schnapp,
Deine Ehre vielfach ab.

Selbst Dein Ruf geht Dir verloren
wirst beschmutzt vor Tür und Toren
und es macht ihn oberfaul
jedes ungewaschne Maul!

Drum, so rat ich Dir im Treuen:
willst Du Weib und Kind erfreuen
soll Dein Kopf Dir nicht mehr brummen,
lass das Amt doch and'ren Dummen.

Wilhelm Busch zugeschrieben

Abb. 2: Nur kein Ehrenamt

Der Begriff „Ehrenamt" ist ein traditionsreiches Wort, das Emotionen anspricht und hervorruft. Je nach persönlichem Hintergrund wirkt es seriös oder verstaubt.

Freiwilliges Engagement oder Freiwilligenarbeit

„Freiwilliges Engagement" oder „Freiwilligenarbeit" hat sich seit einigen Jahren auch in Deutschland in Anlehnung an den englischen Begriff volunteering durchgesetzt. Für Viele bezieht sich diese Bezeichnung auf das freiwillige soziale oder ökologische Jahr, auf Jugendgemeinschaftsdienste, Versöhnungsarbeit oder das Engagement im Naturschutz. Durch die Freiwilligenzentren und Freiwilligenagenturen, die es inzwischen in allen Bundesländern und in vielen Städten und Gemeinden gibt, hat sich der Begriff freiwilliges Engagement inzwischen auch als Sammelbegriff für alle Formen freiwilliger unentgeltlicher und gemeinwohlorientierter Tätigkeiten entwickelt. Diese Wortwahl betont, dass es in der freien Entscheidung des Einzelnen liegt, ob, wann und wie man sich für das Gemeinwohl einsetzen will.

Unterschiedlich wird beurteilt, ob es sich bei dem freiwilligen Engagement um „Arbeit" handelt oder nicht. Es gibt Kontexte, in denen vermieden wird, hier von Arbeit zu sprechen und man verwendet deshalb lieber den Begriff freiwilliges Engagement. Andere möchten nicht unter den Tisch fallen lassen, dass auch freiwillige Tätigkeiten produktiv sind und oft erheblichen Aufwand und Anstrengung bedeuten und verwenden bewusst das Wort „Freiwilligenarbeit". In Verbindung mit dem Wort „Dienst" sind langfristige Engagements gemeint, bei denen sich die Freiwilligen selbst verpflichten und bereit sind, sich in einen größeren Zusammenhang einzuordnen, wie zum Beispiel im 2011 geschaffenen Bundesfreiwilligendienst.

Bürgerschaftliches Engagement oder Bürgerarbeit

Weiterhin gibt es in Deutschland noch den Begriff des bürgerschaftlichen Engagements oder Bürgerengagements. Diese Bezeichnung findet sich in den Publikationen des Deutschen Bundestages und der politischen Parteien. In der Bevölkerung ist dieser Begriff kaum angekommen. Gemeint ist damit der Einsatz für das Gemeinwohl als unverzichtbare Bedingung für den Zusammenhalt unserer Gesellschaft. Die Enquetekommission „Zukunft des Bürgerschaftlichen Engagements" des Deutschen Bundestages hat 2002 in ihrem Bericht (*Enquetekommission* 2002, S. 86) fünf Kriterien benannt, um das breite Feld des Engagements zu beschreiben und einzugrenzen:

Merkmale des bürgerschaftlichen Engagements

- freiwillig
- nicht auf materiellen Gewinn ausgerichtet
- gemeinwohlorientiert
- öffentlich bzw. findet im öffentlichen Raum statt und
- in der Regel gemeinschaftlich/kooperativ ausgeübt

Gegenbeispiele

Auch mit diesen Merkmalen kann die Vielfalt des Engagements nicht klar abgrenzt werden, denn für jedes dieser Kriterien lassen sich Gegenbeispiele finden, die man gelegentlich ebenfalls als Ehrenamt oder Freiwilligenarbeit wertet; das Amt der Schöffen beispielsweise, zu dessen Übernahme man als Staatsbürger gegebenenfalls verpflichtet ist; oder die unbezahlte Mitarbeit in kommerziellen Kranken- und Pflegeeinrichtungen, was für die Unternehmen einen erheblichen Marktvorteil darstellt.

Eigensinn des Engagements

Die Enquete-Kommission hebt den „Eigensinn" des Engagements hervor und schließt ausdrücklich Selbsthilfegruppen, Bürgerinitiativen und soziale Bewegungen in ihre Begriffsbestimmung mit ein. Damit bringt sie zum Ausdruck, dass in einem demokratischen Gemeinwesen „Dabeisein und Dagegensein … gleichermaßen zum Bürgerengagement" gehören (*Enquete Kommission* 2002, S. 74).

Begriffliche Klärung

Im Folgenden werden wir vom „freiwilligen Engagement" oder von „Freiwilligenarbeit" sprechen und damit das gesamte Feld von freiwilligen, nicht auf materiellen Gewinn zielende Aktivitäten meinen, die im organisierten Rahmen auf das Gemeinwohl ausgerichtet sind. Wenn wir die Freiwilligkeit der Engagierten in den Fokus bringen, wollen wir damit auch verdeutlichen, dass auf Seiten der Organisationen ein durchdachtes und strukturiertes Vorgehen – ein Freiwilligen-Management – notwendig ist. Eine freie und oft auch spontane Entscheidung zum Engagement ist umso eher möglich, je transparenter und verlässlicher die Engagementstrukturen und der organisationale Rahmen gestaltet sind und somit der Einzelne weiß, worauf er sich einlässt.

1.2 Wie engagiert sind wir wirklich?

Große Anfrage im Deutschen Bundestag

Bis spät in die neunziger Jahre des 20. Jahrhunderts ging man davon aus, dass die Bereitschaft der Bundesbürger sich für das Gemeinwohl zu engagieren stetig abnimmt. 1996 stellten CDU/CSU und FDP im Deutschen Bundestag eine Große Anfrage zum Thema Ehrenamt. Sie war aus der Sorge heraus formuliert, dass „die Bereitschaft, über das eigene berufliche und familiäre Interesse hinausgehend freiwillige Aufgaben wahrzunehmen", in der immer komplexer werdenden Gesellschaft zurückgedrängt wird (*BMFSFJ* 1996, S. 7). Als Hauptursachen dieser Entwicklung glaubten die Bundestagsabgeordneten die zunehmende Individualisierung der Lebensformen und die Professionalisierung vieler Aufgabenbereiche ausmachen zu können.

Dass diese Befürchtung nicht unrealistisch war, belegten verschiedene Indizien: Vereine klagten über sinkende Mitgliederzahlen und die Schwierigkeit, für Vorstandstätigkeiten oder andere vereinspolitische Aufgaben Kandidaten zu finden. Die Entwicklung zur „Freizeitgesellschaft" sowie die Auflösung von Familienstrukturen und die schwächer werdende Bindung an traditionelle Werte und Normen schien das Interesse an Gemeinschaftsaktivitäten aufzuweichen. Darüber hinaus konnte man in Ostdeutschland beobachten, dass nach Jahrzehnten verordneten Engagements für den Sozialismus die Bereitschaft, sich für gemeinnützige Belange einzusetzen, gravierend zurückging. Die nahezu flächendeckende Stilllegung von Betrieben sowie die Auflösung vertrauter Organisationen und verlässlicher Bezüge schienen zu diesem Befund beizutragen.

Auch die grassierende Erwerbslosigkeit in Ost und West wurde dafür verantwortlich gemacht, dass es so aussah, als würde die demokratische Mitwirkung in der Bundesrepublik ins Hintertreffen geraten. Nicht zuletzt hatten sich weite Bereiche der Sozialen Arbeit und der Pflege professionalisiert und viele Aufgaben, die früher ehrenamtlich übernommen worden waren, durften inzwischen nur noch von ausgebildetem Personal ausgeführt werden.

In ihrer Antwort auf die Große Anfrage stellte die Bundesregierung seinerzeit fest, dass zu diesem komplexen Thema keine systematischen und das ganze Spektrum des Engagements abdeckenden Untersuchungen vorliegen. Sie betonte aber, dass ein freiheitlicher Staat für sich auch „nicht in Anspruch nimmt, vollständig über Art und Ausmaß, Qualität und Quantität freiwilliger Leistungen seiner Bürgerinnen und Bürger informiert zu sein." (*BMFSFJ* 1996, S. 7).

In Folge dieser Großen Anfrage wurde eine Enquetekommission „Zukunft des bürgerschaftlichen Engagements" ins Leben gerufen, sowie eine umfangreiche Untersuchung aller Engagementbereiche in Aussicht gestellt. Es lagen zwar schon einige empirische Studien sowie Umfragen der großen Wohlfahrtsverbände und Sportorganisationen vor, sie erfassten aber oft nur einzelne Bereiche und waren zudem durch die unterschiedliche Definition von „Ehrenamt" nicht miteinander vergleichbar (*BMFSFJ* 1996, S. 14 ff). Eine europäische Studie hatte 1994 für Deutschland eine Engagementquote von 18 % erbracht (Gaskin et al 1996).

Forschungsstand 1996

Eine bei Infratest in Auftrag gegebene Repräsentativerhebung sollte sich nun „auf alle Formen ehrenamtlichen Engagements erstrecken, unter Einschluss bürgerschaftlichen Engagements in Initiativen und Projekten und Selbsthilfegruppen" (Rosenbladt 2001, S. 8). Schwierigkeiten bereitete dabei unter anderem die Frage, was genau als „ehrenamtliche Tätigkeit" zu werten sei und welche Tätigkeiten nicht gezählt werden sollen. Eine wichtige Aufgabe der Sozialforscher lag demnach in der Begriffsklärung. Dabei orientierten sie sich an dem veränderten Wortgebrauch, der sich inzwischen in der bundesrepublikanischen Öffentlichkeit vollzog.

Vom Ehrenamt zum freiwilligen Engagement

In ihrer Untersuchung sprachen sie nicht mehr nur vom „Ehrenamt", sondern wählten als Oberbegriff das „freiwillige Engagement", um die Vielfalt aller bürgerschaftlichen, ehrenamtlichen und freiwilligen Aktivitäten zu erfassen. Folgerichtig wurde diese erste große Untersuchung zu „Ehrenamt, Freiwilligenarbeit und bürgerschaftlichem Engagement" (so der Untertitel der Publikation) als *„Freiwilligensurvey 1999"* (Rosenbladt 2001) veröffentlicht. Im Jahr 2004 wurde diese sozialwissenschaftliche Befragung wiederholt (*Gensicke/Picot/Geiss* 2005) und findet jetzt alle 5 Jahre statt. Damit ist es möglich, Trends bei der Entwicklung des freiwilligen Engagements festzustellen. Der Freiwilligensurvey 2009 erschien unter dem Titel „Zivilgesellschaft, soziales Kapital und freiwilliges Engagement in Deutschland 1999–2004–2009" und ist nicht mehr nur Bestandsaufnahme, sondern sieht sich als umfassendes „zivilgesellschaftliches Informationssystem" (BMFSFJ 2010).

Freiwilligensurvey

Die Frageformulierung des Freiwilligensurvey zum Engagement rückt das öffentliche Bild über die Bereitschaft der Bundesbürger sich zu engagieren in ein neues Licht. Gefragt ist nicht mehr nur das Ehrenamt, sondern es werden auch Aktivitäten wie die Chormitgliedschaft oder das Engagement in einer Bürgerinitiative miteinbezogen. So weit die Befragten selbst ihre Aktivität als unbezahlte und freiwillig übernommene Arbeit oder Aufgabe werten, trägt diese zur Engagementquote bei.

Erfassung von freiwilligem Engagement im Freiwilligensurvey

Uns interessiert nun, ob Sie in den Bereichen, in denen Sie aktiv sind, auch *ehrenamtliche Tätigkeiten* ausüben oder *in Vereinen, Initiativen, Projekten oder Selbsthilfegruppen engagiert* sind. Es geht um *freiwillig übernommene Aufgaben und Arbeiten*, die man *unbezahlt* oder gegen *geringe Aufwandsentschädigung* ausübt.

Sie sagten, Sie sind im Bereich *Sport und Bewegung* aktiv. Haben Sie derzeit in diesem Bereich auch Aufgaben oder Arbeiten übernommen, die Sie freiwillig oder ehrenamtlich ausüben?

1: Ja ☐ 2: Nein ☐ 3: k.A. ☐

Und in welcher Gruppe, Organisation oder Einrichtung sind Sie da tätig? Sagen Sie mir bitte den Namen und ein Stichwort, worum es sich handelt.

(Bezeichnung eintragen) ____________________

Und was machen Sie dort konkret? Welche Aufgabe, Funktion oder Arbeit üben Sie dort aus?

(Stichworte eintragen) ____________________

Abb. 3: Erfassung von freiwilligem Engagement im Freiwilligensurvey (BMFSFJ 2010, S. 92)

Bei den mehr als 20.000 Telefoninterviews gibt jeder dritte Bundesbürger über 14 Jahre (34 %) an, ehrenamtlich oder freiwillig engagiert zu sein. Neben vielen Detailinformationen stellen die Sozialforscher darüber hinaus ein gestiegenes Bewusstsein für das freiwillige Engagement fest. Nach ihrer Einschätzung hat sich dieser Bereich zu einem gesellschaftlichen und politischen Handlungsfeld eigener Art entwickelt.

Steigendes Bewusstsein für Engagement

Tatsächlich befinden sich die vormals diffusen und oft nur im Verborgenen bearbeiteten Aufgabenfelder der Engagementpolitik inzwischen im Fokus der Öffentlichkeit. Die vielfältigen Aktivitäten des Bundesnetzwerks bürgerschaftliches Engagement (BBE), Themenschwerpunkte in den Medien, ein eigenständiger Unterauschuss Bürgerschaftliches Engagement im Deutschen Bundestag sowie die Ausrufung des Jahres 2011 als „ Europäisches Jahr der Freiwilligentätigkeit“ sorgen für einen Boom des Engagementthemas in der Öffentlichkeit.

Der Freiwilligensurvey wird ergänzt durch Sonderauswertungen für einzelne Bundesländer, Organisationen und Bevölkerungsgruppen sowie quantitative und qualitative Studien, die einzelne Fragen in den Blick nehmen. Die so gewonnenen Informationen liefern die Basis zur Förderung des Engagements auf politischer Ebene und helfen, durch gesetzliche Regelungen adäquate Rahmenbedingungen für den Einsatz von Freiwilligen zu schaffen. Organisationen, die auf die Arbeit von und mit Freiwilligen setzen, nutzen den Freiwilligensurvey als Ausgangspunkt für ihre strategische Überlegungen zu ihrem Freiwilligen-Management.

1.3 Freiwilliges Engagement heute – Trends aus dem Freiwilligensurvey

1.3.1 Warum engagiert man sich?

Motive des Engagements

Die Motive sich zu engagieren sind so vielfältig wie die Aufgaben, die freiwillig und unentgeltlich übernommen werden. Das christliche Selbstverständnis, Menschen in Not nicht ihrem Schicksal zu überlassen, veranlasst beispielsweise manche, als Pate für minderjährige Flüchtlinge aktiv zu werden. Andere bringen ihre Kompetenz bei archäologischen Grabungen ein, weil sie gerne sachbezogen arbeiten und lieber etwas tun, als viel zu reden. Wieder andere möchten ihr Talent entwickeln und begeistern durch kabarettistische Einlagen beim Vereinsfest. Oft sind die Motive diffus und den Engagierten selbst nicht immer bewusst. Zuweilen ändern sich auch die Beweggründe im Verlauf des Engagements.

Für Freiwilligen-Manager ist es wichtig, mehr über die Motive der Freiwilligen oder potentiell Aktiven zu erfahren, um die gewünschten Personen im „richtigen Ton" anzusprechen und dann adäquat einzusetzen.

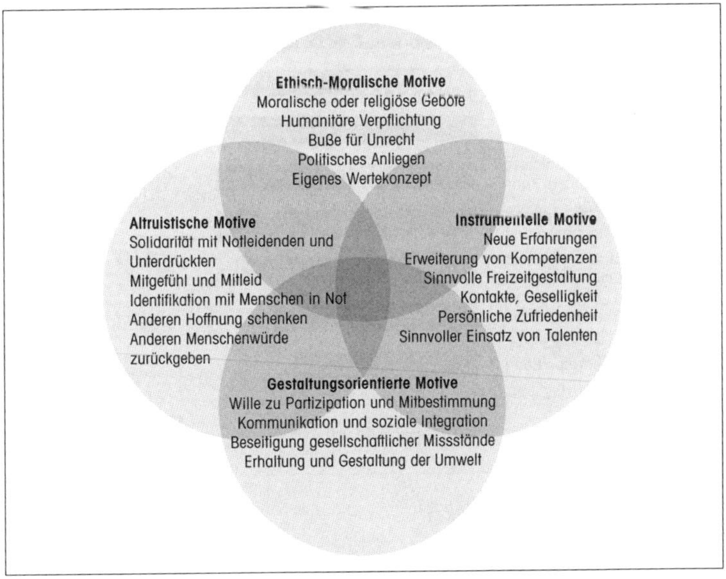

Abb. 4: Motive der Freiwilligen und potenziell Aktiven

Abbildung 4 zeigt (in Anlehnung an *Enquetekommission* 2001, S. 114) Motivationsbündel, die die individuelle Entscheidung von Freiwilligen beeinflussen. Häufig sind es unterschiedliche und durchaus auch widerstreitende Motive, die Menschen dazu bringen, sich freiwillig zu engagieren.

85 % der Befragten äußerten im Freiwilligensurvey, dass ihr Engagement ein wichtiger Teil ihres Lebens sei. Von ihrem Einsatz versprechen sie sich Lebensfreude, wünschen sich Spaß und interessante soziale Kontakte und möchten etwas Gutes tun (*BMFSFJ 2010*).

Spaß ist am wichtigsten

Für den Freiwilligensurvey wurden zehn typische Aussagen zu Motivlagen formuliert und den Befragten zur Einschätzung vorgelegt.

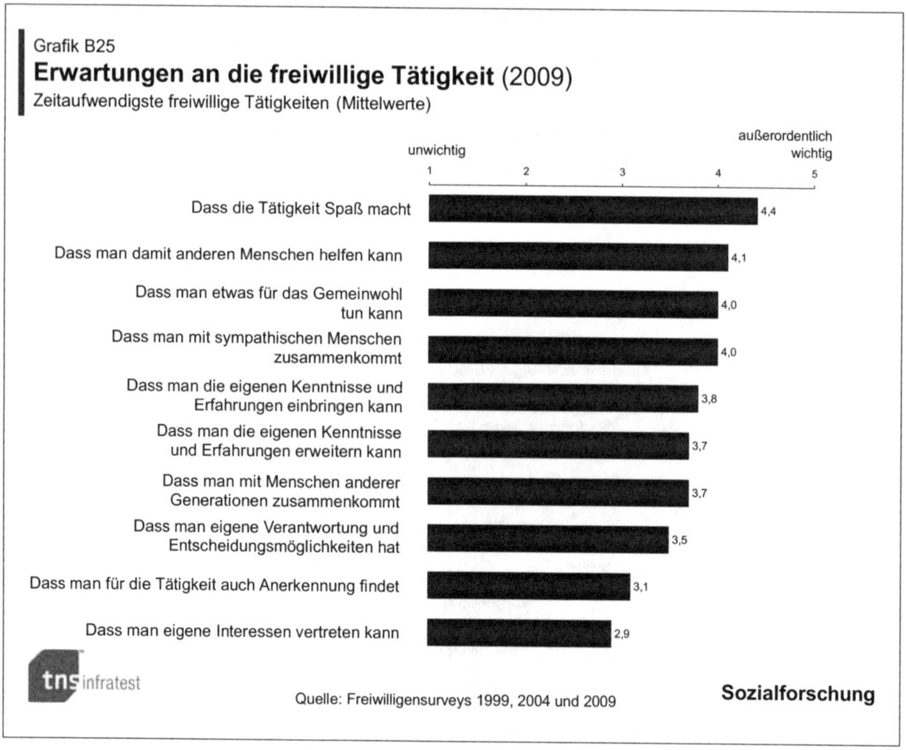

Abb. 5: Erwartungen an die freiwillige Tätigkeit

Bereits 1999 zeigte sich, dass der „Spaß an der Tätigkeit" für die meisten an erster Stelle steht. Dies gilt grundsätzlich auch heute für alle Altersgruppen, für Erwerbslose ebenso wie für Berufstätige, für Rentner, für Jugendliche und für Menschen mit Migrationshintergrund.

Wandel der Motive

Vor 30 Jahren hätte das Ergebnis dieser Befragung wohl noch anders ausgesehen. Denn im Zuge des rapiden gesellschaftlichen Wandels unterliegen auch die Erwartungen und Motive zum freiwilligen Engagement tief greifenden Veränderungen. Während früher eine innere oder sozial-moralische Verpflichtung zum Engagement im Vordergrund stand, sind heute Gemeinwohl, Geselligkeit und das Verfolgen eigener Interessen gleichermaßen wichtig. Der Freiwilligensurvey hat diesen drei Orientierungen entsprechend eine Typologie der Erwartungen entwickelt und festgestellt, dass Engagierte zunehmend auch eigene Interessen im Blick haben.

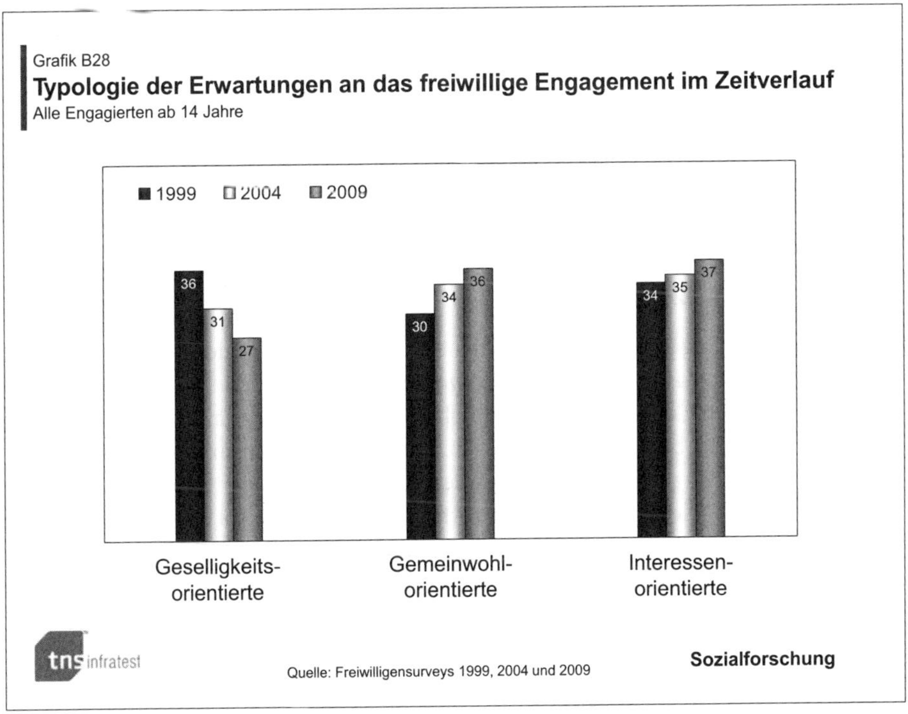

Abb. 6: Typen der Erwartungen an die freiwillige Tätigkeit

Eigen- und Gemeinwohl werden heute nicht mehr als sich gegenseitig ausschließende Orientierungen verstanden und gerade jüngere Menschen sehen im freiwilligen Engagement eine Chance, ihre Kenntnisse zu erweitern, für den Beruf nützliche Kontakte zu knüpfen oder auch eigene Probleme zu lösen.

Neue Engagementgründe

Steigende Mobilität und Flexibilität sowie die vielfältigen Informations- und Kommunikationswege bringen neue Beweggründe und Einstellungen zum freiwilligen Engagement mit sich:

- Ein Engagement im Stadtteil bietet beispielsweise für Hinzugezogene eine gute Möglichkeit, ihre Nachbarn kennen zulernen und sich mit ihrer neuen Umgebung vertraut zu machen.
- Häufig sind es nicht die persönlichen Beziehungen, sondern ein sachliches oder soziales Anliegen und Interesse, das zum freiwilligen Einsatz motiviert.
- Die Skepsis gegenüber großen Verbänden und traditionsreichen Vereinigungen wächst. Über das Internet kann man sich umfassend über eine Organisation informieren, bevor man sich dort engagiert oder sogar Mitglied wird.
- Engagement wird bei der Vielzahl von Angeboten zu einer weiteren Möglichkeit seine Freizeit zu verbringen und steht in Konkurrenz zu Fernreisen, familiären Unternehmungen, Shopping, Sport und anderem mehr.

1.3.2 Wer engagiert sich?

Ungleiche Verteilung der Engagementbereitschaft

Engagementbereitschaft ist in Deutschland ungleich verteilt. Dies ist zum einen darauf zurückzuführen, dass sich die Bundesländer in ihrer Sozialstruktur erheblich unterscheiden, zum anderen gibt es neben der bundesweiten Engagementförderung auch Landesprogramme, die Infrastrukturen und Fördermittel für die Freiwilligenarbeit in unterschiedlichem Maß zur Verfügung stellen. Die entscheidende Rolle für die Engagementbereitschaft spielen aber die Siedlungsstruktur und das kulturelle Milieu in der jeweiligen Region. So weisen beispielsweise das ländlich geprägte Niedersachsen ebenso wie Baden Württemberg, Bayern und Rheinland Pfalz eine überdurchschnittlich hohe Engagementquote auf. In den vergangenen Jahren ist besonders auf dem Land das Engagement angestiegen. Institutionelle und kommerzielle Angebote sind dort in weitaus geringerem Maß verfügbar, als in der Stadt oder am Stadtrand; Bürgerengagement ist für die soziale Lebensqualität somit unabdingbar.

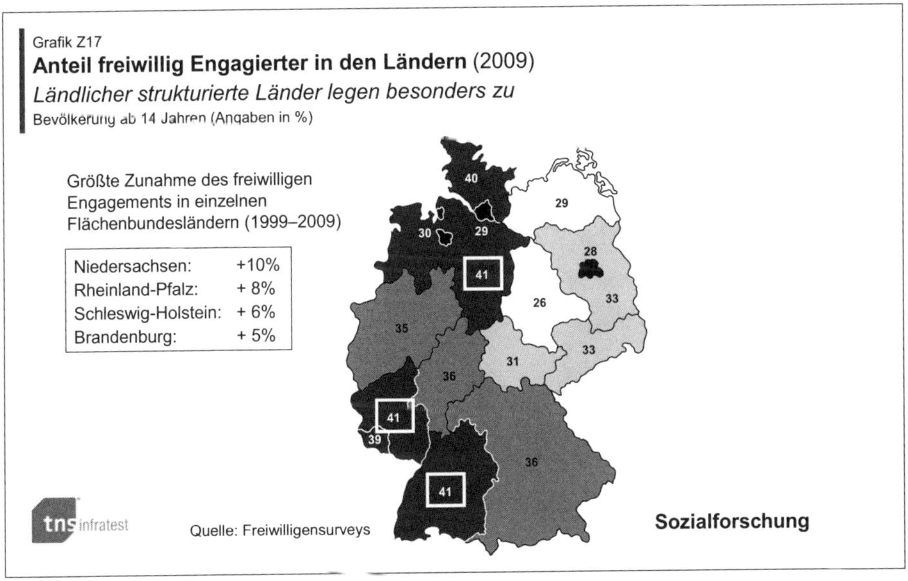

Abb. 7: Anteil freiwillig Engagierter in den Ländern 2009

Geringe Engagementquoten verzeichnen dagegen die Stadtstaaten und östlichen Bundesländer, auch wenn sich das Bild zunehmend ausdifferenziert.

Eine (wegen methodischer Mängel umstrittene) Telefonumfrage aus dem Jahr 2008 *(AMB generali Holding AG 2008)* zeigt, wie sich die Differenzen bei der Engagementquote in der für Deutschland typischen Weise eines Flickenteppichs verteilen. Eine Tendenz bleibt erkennbar: Strukturschwache Gebiete weisen eher geringe Engagementquoten auf, wohingegen in gut entwickelten Regionen sich die Menschen auch häufiger freiwillig engagieren. Engagementförderung muss also verstärkt benachteiligte Regionen in den Blick nehmen.

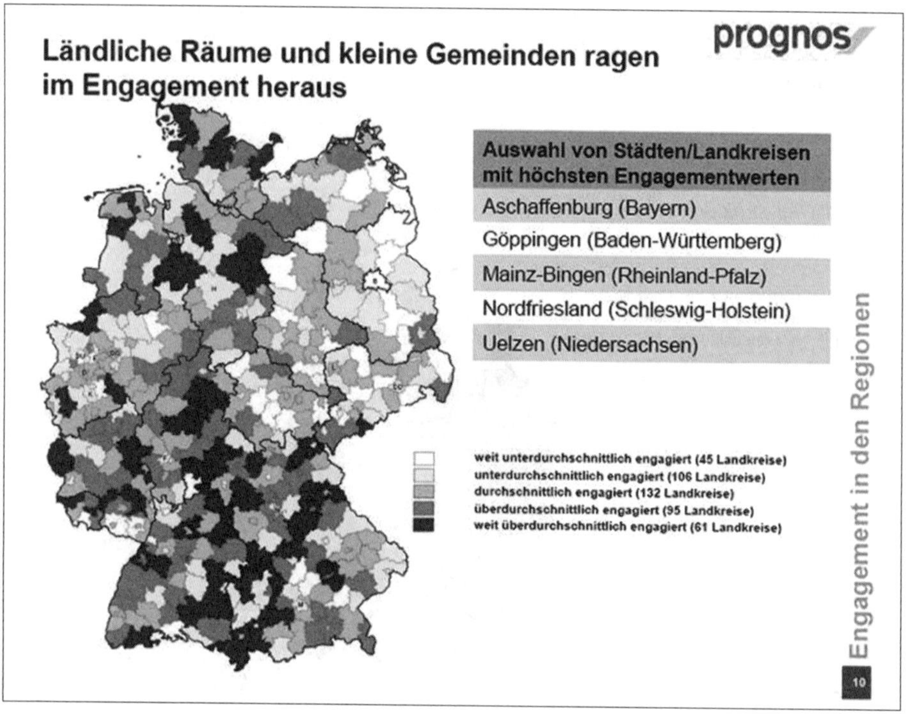

Abb. 8: Ländliche Räume und kleine Gemeinden ragen im Engagement heraus

Der Engagementbereich befindet sich ständig in Bewegung. Engagierte wechseln häufig ihr Aufgabengebiet und engagieren sich je nach persönlicher Lebenssituation und soziokulturellem Zeitgeist mit wechselnder Intensität. Insofern sind die Zahlen einer Befragung für sich genommen wenig aussagekräftig. Interessanter sind die Trends, die sich aus wiederholten Befragungen herauslesen lassen.

Engagement-potenzial

Eine wichtige Größe ist hierbei das Engagementpotenzial. Hierunter versteht man zum einen die Gruppe der Personen, die sich noch nicht engagieren, aber dazu bereit wären, würden sie in der geeigneten Form angesprochen. Dieses externe Engagementpotenzial ist im Bundesdurchschnitt von 26 % (1999) auf 37 % (2009) angewachsen. Zum anderen spricht man von einem internen Engagementpotenzial und meint damit die Bereitschaft der bereits Engagierten, unter bestimmten Bedingungen ihr Engagement zeitlich oder auf andere Gebiete auszuweiten. Auch dieses Potenzial ist deutlich angestiegen.

Gerade jüngere Menschen sind in ihrem Engagement hoch motiviert und sind oft bereit dieses noch auszudehnen, falls sich etwas Interessantes bietet.

Engagement von Männern und Frauen

Was die Geschlechterverteilung beim Engagement betrifft, so zeigt der Freiwilligensurvey für Männer (40%) höhere Quoten als für Frauen (32%). Dieses Ergebnis ist unter anderem darauf zurückzuführen, dass Frauen noch immer wesentlich häufiger die Versorgung der Familie, die Kindererziehung und die Pflege alter oder behinderter Angehöriger übernehmen – ein soziales Engagement, das nicht als unbezahlte freiwillige Tätigkeit gewertet wird. Die traditionell geschlechtsspezifische Aufgabenteilung ändert sich auch im Ehrenamt nur langsam. Noch immer kann man sagen, dass in der Tendenz Männer die Organisationen, die auf das freiwillige Engagement setzen, führen, verwalten und repräsentieren. Dies gilt selbst in weiblich dominierten Engagementbereichen. Frauen widmen sich dagegen vermehrt dem helfenden und betreuenden Dienst am Menschen (*Gensicke/Picot/Geiss* 2005, S. 21).

Allerdings gibt es auch hier viel Bewegung: Frauen sind zunehmend aktiv – besonders das Engagement erwerbstätiger Frauen ist im Ansteigen begriffen (zwischen 1999 und 2004 plus 5%). Zunehmend engagieren sich auch Männer in traditionell weiblich dominierten sozialen Feldern und in Kindergärten und Schulen.

Engagement Älterer

Eine stetig wachsende Gruppe von Engagierten sind die jüngeren Senioren. Dies ist einerseits dem demografischen Wandel geschuldet, denn prozentual wächst der Anteil der Älteren an der Gesamtgesellschaft. Andererseits können und wollen viele Ältere heute aktiv sein; denn sie verfügen oft, auch nach einem langen Erwerbsleben, über eine gute Gesundheit. Zudem tritt jetzt eine besonders engagierte Generation in den Ruhestand: Menschen, die Ende der sechziger Jahre des 20. Jahrhunderts den Aufbruch aus verkrusteten Strukturen betrieben oder zumindest miterlebt haben, dass in einer Demokratie Einfluss auch „von unten" möglich ist. Von 1999 zu 2004 stieg das Engagement der 60–69 jährigen von 31% auf 37%. Das Engagementpotenzial lag 2004 in dieser Gruppe bei über 26% (*Gensicke/Picot/Geiss* 2005, S. 323).

Engagement junger Menschen

In der Engagementdebatte spielt auch das Engagement junger Menschen eine wichtige Rolle. Eine Studie des Deutschen Kinderhilfswerks (2007) hat nachgewiesen, dass gesellschaftlich Engagierte meist schon in jungen Jahren positive Erfahrungen mit Partizipation sammeln. Es scheint „so etwas wie eine Engagementvita" zu geben, für die bereits in der Kindheit und Jugend wichtige Grundlagen gelegt werden (*Deutsches Kinderhilfswerk* 2007, S. 40). Im Bevölkerungsdurchschnitt sind in Deutschland 35 % der Jugendlichen zwischen 14 und 24 Jahren freiwillig aktiv und bei ihnen ist auch das interne und externe Engagementpotenzial (49 %) besonders hoch. Für junge Menschen stehen die Lernchancen, die ein Engagement bietet, im Vordergrund. Sie suchen den Kontakt mit Gleichaltrigen und wollen ihre Belastbarkeit, Einsatzbereitschaft und ihr Organisationstalent unter Beweis zu stellen.

Engagement Erwerbsloser

Eine weitere Bevölkerungsgruppe, deren Engagementbereitschaft im Freiwilligensurvey besonders in den Blick genommen wurde, ist die Gruppe der Arbeitslosen. Trotz des größeren Zeitbudgets sind Erwerbslose seltener als der Bevölkerungsdurchschnitt freiwillig aktiv. Dies hängt mit der spezifischen Situation am Arbeitsmarkt zusammen, mit Restriktionen seitens der Arbeitsagenturen und auch der prekären finanziellen Situation Erwerbsloser. Die Arbeitsbehörden haben die Einsicht gewonnen, dass durch freiwilliges Engagement neue Kontakte entstehen, Kompetenzen geübt und entwickelt werden und nicht zuletzt die Lebensfreude steigt, und somit die Beschäftigungsfähigkeit gefördert wird. Förderrechtliche Bestimmungen, die bislang das Engagement Arbeitsloser einschränkten, wurden inzwischen aufgehoben.

Gerade bei jungen Menschen zeigt sich, dass Engagement stark von der schichtspezifischen Herkunft determiniert ist und davon abhängt, welchen Schultyp sie besuchen. Freiwilliges Engagement wird vom Interesse an Politik und öffentlichem Leben sowie von der Konfessionszugehörigkeit bzw. der Kirchenbindung, weiterhin von der Größe des Freundes- und Bekanntenkreises besonders positiv sowie vom Migrationshintergrund negativ beeinflusst. Auch aus anderen Untersuchungen weiß man, dass Jugendliche aus sozial unterprivilegierten, partizipations- und bildungsfernen Bevölkerungsgruppen auch beim freiwilligen Engagement unterrepräsentiert sind (*Düx/Sass/Prein/Tully* 2008).

Es liegt auf der Hand, dass Menschen in prekären Beschäftigungsverhältnissen oder schwierigen Lebenssituationen sich seltener für eine unbezahlte Tätigkeit entscheiden, auch wenn dies ihre Lage subjektiv verbessern und zur gesellschaftlichen Integration beitragen könnte. Auch bei diesen Personengruppen besteht ein beträchtliches Engagementpotenzial, doch es sind besondere Unterstützungsleistungen nötig, damit ein freiwilliges Engagement zu Stande kommt (z.B. unkomplizierte Erstattung von Aufwendungen oder pauschalierte Aufwandsentschädigungen vgl. Kapitel 3.6.3)

1.3.3 Wofür engagiert man sich?

Um die Vielfalt des Engagements einer quantitativen Analyse zugänglich zu machen, hat der Freiwilligensurvey 14 Bereiche identifiziert, in denen Bundesbürger aktiv sind. Hier unterscheidet die Untersuchung zwischen „Gemeinschaftsaktivitäten" (d.h. Mitmachen oder Teilhaben) und „freiwilligem Engagement" (d.h. Übernahme von Aufgaben).

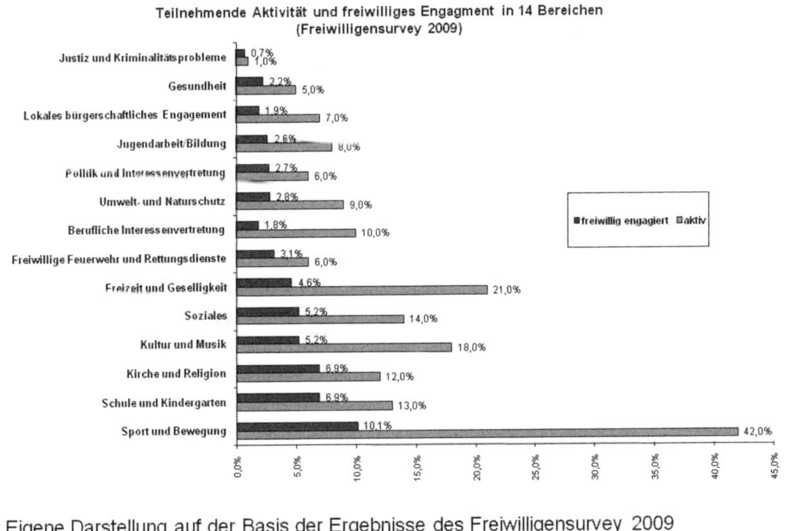

Eigene Darstellung auf der Basis der Ergebnisse des Freiwilligensurvey 2009

Abb. 9: Gemeinschaftsaktivität und freiwilliges Engagement

Engagementbereiche

Abbildung Nr. 9 verdeutlicht, dass Sport der Bereich ist, in dem Bundesbürger mit Abstand am häufigsten gemeinschaftlich aktiv werden und sich am stärksten freiwillig engagieren. Es gibt Bereiche, in denen das bloße Aktivsein und die Bereitschaft, auch eine Aufgabe zu übernehmen, relativ weit von einander entfernt liegen („Kultur und Musik“ oder „Freizeit und Geselligkeit“). In anderen Bereichen wird man nur dann aktiv, wenn man auch an einem Engagement Interesse hat („Freiwillige Feuerwehr und Rettungsdienste“ und „Schule und Kindergarten“). Im Freiwilligensurvey finden sich für die verschiedenen Bereiche differenzierte Angaben, welche Personengruppen sich dort in besonderem Maß engagieren. Für Freiwilligen-Manager sind diese Feinanalysen besonders interessant und hilfreich, denn sie liefern Grundinformationen zur Gewinnung neuer Freiwilliger (vgl. Kapitel 3.1).

Rückläufige Bereitschaft für die Vereinsarbeit und in großen Organisationen

Der Freiwilligensurvey basiert auf der Beschreibung von über 14.000 Tätigkeiten. Sie reichen von einfachen Hilfstätigkeiten bis zur Übernahme komplexer Aufgaben, die hohe fachliche Kompetenz und Verantwortungsgefühl voraussetzen. Über die zehn Jahre der Erfassung von freiwilligem Engagement zeigt sich die Tendenz, dass im Durchschnitt immer weniger Freiwillige Leitungs- und Vorstandsfunktionen ausüben. 1999 waren es noch 38 %, 2004 35 % und 2009 nur noch 32 %. Dies hat vielfältige Ursachen und auch aus anderen Untersuchungen (z.B. *Zimmer/Priller 2004*) weiß man, dass neben dem generell gestiegenen Engagementpotenzial gegenläufig die Bereitschaft sinkt, für Vorstandstätigkeiten oder Gremien zu kandidieren. Während große Organisationen sozialer und politischer Teilhabe (Parteien, Gewerkschaften, Wohlfahrtsverbände und Kirchen) den Rückgang des „klassischen“ ehrenamtlichen Engagements beklagen, werden vor allem Jüngere gerne in kleinen Initiativen und für interessengebundene Aufgaben aktiv.

1.3.4 Wo engagiert man sich?

Freiwilliges Engagement benötigt einen institutionellen Rahmen, in dem die Einzelnen sich sinnvoll einsetzen und ihre Ziele verwirklichen können. Dieser Rahmen wird in Deutschland zum großen Teil von Kirchen, traditionsreichen Verbänden, Vereinen und Stiftungen zur Verfügung gestellt. Viele Freiwillige engagieren sich aber auch in Initiativen und schaffen sich dort eine eigene Infrastruktur. In der Bundesrepublik werden jährlich ca. 15.000 Vereine neu gegründet (*Zimmer/Vilain* 2005, S. 59)!

Kristalline und fluide Organisationen

Man kann in Anlehnung an v. *Küchler/Schäffter* (1997, S. 80 ff) von zwei Organisationstypen sprechen, die als Träger freiwilligen Engagements fungieren:

- Zum einen gibt es „kristalline" Organisationen, die „schon immer" mit Ehrenamtlichen arbeiten und hierfür über gefestigte Vorstellungen und Strukturen verfügen.
- Zum anderen kann man von „fluiden" Organisationen sprechen, die erst allmählich Strukturen der Kommunikation und Zusammenarbeit entwickeln und bei denen sich alles, was Verbindlichkeit betrifft „im Fluss" befindet.

Es gibt diese beiden Organisationstypen in Reinform, es gibt aber auch viele Zwischenstufen, angefangen bei sich langsam institutionalisierenden Selbsthilfegruppen, über Bürgervereine, die Erwerbsarbeitsplätze einrichten, bis hin zu Projekten, die sich zwar in der Trägerschaft von Wohlfahrtsverbänden befinden, aber durch das Engagement von Betroffenen völlig neue Wege jenseits der Wohlfahrtstraditionen beschreiten. Angesichts des tief greifenden gesellschaftlichen Wandels müssen viele Verbände ihre traditionelle Verfasstheit ganz grundsätzlich überdenken und für sich neue Organisationsformen entwickeln. Vormals kristalline Organisationen „verflüssigen" ihre organisationale Struktur und werden zumindest in Teilbereichen wieder fluide.

Initiativen

Initiativen werden meist durch das Engagement Einzelner oder durch Gruppen Gleichgesinnter ins Leben gerufen und lange Zeit ausschließlich durch freiwilliges und unbezahltes Engagement getragen. Häufig agieren solche Gruppen zunächst spontan und unorganisiert. Dies gibt den Aktiven viel Spielraum für kreatives Handeln. Ab einer bestimmten Größe und mit wachsenden Aufgaben müssen aber Regelungen für die Zusammenarbeit ausgehandelt werden, damit nicht jedes Detail immer wieder neu besprochen werden muss.

Konflikte beziehen sich in solchen fluiden Organisationen häufig auf das unterschiedliche Maß an Engagement und auch auf Fragen von Macht und Einfluss. Wenn Initiativen selbst Träger hauptamtlicher Beschäftigungsverhältnisse werden, gerät unter Umständen das Gefüge wechselseitiger Erwartungen in eine Schieflage. Dies ist vor allem dann der Fall, wenn ehemals freiwillig Engagierte zu bezahlten Arbeitskräften werden und sich Hierarchien herausbilden bzw. deutlich werden. So müssen beispielsweise Vereinsvorstände bei der Einstellung von Fachkräften Arbeitgeberfunktionen übernehmen und umgekehrt müssen bezahlte Fachkräfte in einer Freiwilligenorganisation auch ungeliebte Aufgaben erledigen, die für ein freiwilliges Engagement unattraktiv sind.

Traditionelle Organisationen

Traditionelle Organisationen des Ehrenamts sind dagegen so weit institutionalisiert, dass ein Großteil der Aufgaben von bezahlten hauptamtlichen Kräften unterschiedlichster Profession erledigt wird. Ehrenamtliche übernehmen in solchen Organisationen oft bestimmte Aufgabenbereiche und können dabei auf die langjährige Erfahrung und die bewährten Strukturen der Organisation zurückgreifen. Das Ehrenamt ist für viele dieser Organisationen geradezu ein Markenzeichen und in ihrem Leitbild fest verankert. In ihrer Gründungsgeschichte berufen sich solche Organisationen oft auf die Initiative Einzelner oder eine Bewegung Gleichgesinnter. Durch die lange Tradition haben sich aber die vormals fluiden Strukturen weitgehend verfestigt. Konflikte entstehen in solchen Organisationen oft aufgrund strittiger Kompetenzen und unklarer Aufgabenteilung zwischen angestellten bezahlten Kräften und freiwillig und unbezahlt Aktiven. Freiwillige geraten in kristallinen Organisationen schnell in die Situation, ihr kreatives Potenzial zurückzustellen, um nicht den bewährten Betriebsablauf zu stören. Umgekehrt sind Hauptamtliche in solchen Organisationen zuweilen gefordert, zusätzlich zu ihrer bezahlten Tätigkeit auch ehrenamtlich in der Organisation mitzuwirken. Damit verschwimmen die Unterschiede und jeweiligen Besonderheiten von bezahlter Arbeit und freiwilligem Engagement und es kann zu brisanten Konfrontationen kommen.

Verbände

Aus sozialen, ökologischen und humanitären Bewegungen sind vielfach Verbände oder Parteien entstanden, die nun einen wichtigen und anerkannten gesellschaftlichen Beitrag leisten. Auch reine Selbsthilfegruppen entwickeln sich oft zu gemeinnützigen Vereinen, die schließlich zu Trägern des freiwilligen Engagements werden. Umgekehrt sind viele Berufs- und Interessensverbände vereinsförmig strukturiert und sehen in ihrer Verfasstheit unbezahlte Wahlämter vor oder können für bestimmte Aufgabengebiete Personen zu einem ‚Ehrenamt' berufen.

Wahlämter

Ein solches Engagement unterscheidet sich grundlegend vom freiwilligen Einsatz im sozialen Bereich, im Sport oder anderen Engagementfeldern. Wahlämter beziehen sich auf einen definierten Verantwortungsbereich, der in Satzungen und oft auch in Gesetzen niedergelegt ist. Das Vereinsrecht im Bürgerlichen Gesetzbuch schreibt beispielsweise für eingetragene Vereine vor, dass eine Mitgliederversammlung einen Vorstand beauftragen muss, der als gesetzlicher Vertreter des Vereins fungiert. In der Regel werden mehrere Personen als Vorstand gewählt, die für einen bestimmten Zeitraum die in der Satzung beschriebenen Aufgaben (z.B. Vorsitz, Schriftführung, Verwaltung der Finanzen) übernehmen. Diese, üblicherweise unentgeltlich und freiwillig ausgeübten Funktionen, gibt es auch in vielen als eingetragene Vereine verfassten Vereinigungen und Verbänden, die ausschließlich Sonderinteressen bestimmter Personenkreise verfolgen. Hier verschwimmen die Grenzen zwischen dem unbezahlten freiwilligen Engagement für andere und der (legitimen) Vertretung eigener Interessen. Um reine Lobbyvereinigungen von Organisationen, die sich über das eigene Wohl hinaus auch für andere einsetzen, zu unterscheiden, kann der Begriff der Gemeinnützigkeit herangezogen werden. Diese Bestimmung des deutschen Steuerrechts erkennt solchen Organisationen eine besondere Förderwürdigkeit zu, deren „Tätigkeit darauf gerichtet ist, die Allgemeinheit auf materiellem, geistigem oder sittlichem Gebiet selbstlos zu fördern" (Abgabenverordnung § 52).

Gemeinnützigkeit als Unterscheidungskriterium

1.4 Strukturwandel des Engagements

Aktuell sind gravierende Veränderungen im freiwilligen Engagement zu beobachten. Angesprochen wurden bereits die neue Vielfalt der Motive und Erwartungen auf Seiten der Engagierten, die Zunahme freiwilliger und unentgeltlicher Tätigkeiten insgesamt sowie ein Trend zum Engagement in kleineren Organisationen und für klar umrissene Aufgaben. Die Tatsache, dass das Engagementthema selbst einen Boom erlebt, kann ebenfalls als Zeichen seines Bedeutungswandels gewertet werden. Angesichts des allgegenwärtigen gesellschaftlichen Wandels wäre es auch verwunderlich, hinterließen die tief greifenden Strukturänderungen keine Spuren in dem weiten Feld des freiwilligen Engagements.

1.4.1 Der Transformationsprozess zur Multioptionsgesellschaft

Gesellschaftliche Strukturbrüche

Schäffter (2001) kennzeichnet die aktuelle Entwicklung in Deutschland und Mitteleuropa als eine strukturelle Transformation, bei der sich sechs unterschiedliche Strukturbrüche überlagern und wechselseitig verstärken:

- der politische Gestaltwandel Europas,
- die krisenhafte Rationalisierung von Wirtschaft und Verwaltung,
- die Schaffung eines integrierten Weltwirtschaftssystems (Globalisierung),
- der demografische Strukturwandel,
- die Krise der Arbeitsgesellschaft,
- und schließlich der Strukturwandel der gesellschaftlichen Institutionen.

Widersprüche und Ungleichzeitigkeiten

Zwang zur permanenten Entscheidung

Die Vielzahl dieser Einzelveränderungen summiert sich nicht zu einer Umwälzung aller gesellschaftlichen Bereiche im Sinne einer kulturellen oder ökonomischen Revolution. Vielmehr entsteht eine unübersichtliche und komplexe Gemengelage des Wandels, die von Widersprüchen und Ungleichzeitigkeiten geprägt ist. Im Unterschied zu früheren Einbrüchen, wie zum Beispiel den Krisen nach dem ersten Weltkrieg oder in den fünfziger Jahren, entsteht Druck nicht in erster Linie durch ökonomische oder psychosoziale Notlagen. Stattdessen droht eine dramatische Ansammlung vielfältigster Denk- und Handlungsmöglichkeiten, die neben einer neuen Freiheit einen Zwang zur permanenten Entscheidung provoziert. Die Individuen geraten dadurch entweder in Hyperaktivität oder fühlen sich

Schachmatt gesetzt. Es ist „nicht gesellschaftliche Not, sondern eine sich in immer neuen Schüben gesellschaftlicher Differenzierung ausweitende Potenzialität, die letztlich zur Erfahrung von Mangel inmitten gesellschaftlichen Reichtums führt" (*Schäffter 2001*, S. 5). Gross (1994) hat hierfür den treffenden Begriff der *Multioptionsgesellschaft* geprägt. Die Vielfalt der zur Wahl stehenden Lebensstile, Weltbilder, Einstellungen und Traditionen geht einher mit einer ungeheueren Beschleunigung der Moden und bringt schließlich einen *konjunktivistischen Existenzmodus (Gross 1994, S. 20)* hervor.

Engagement kann Sinn geben!

Freiwilliges Engagement ist in diesem Kontext eine relevante Option: In einer zunehmend als sinnlos empfundenen Welt kann Engagement Sinn geben; es bietet neue Kontakte, die eventuell an die Stelle der sich auflösenden Familienstrukturen treten; am Arbeitsmarkt „Freigesetzte" haben die Chance, als Freiwillige ihre Kompetenzen einzusetzen – kurz: Man kann sich für ein Engagement entscheiden – oder auch nicht!

1.4.2 Neuartige Zugänge und Einstellungen zum Engagement

Konkret zeigt sich die Multioptionsgesellschaft beim freiwilligen Engagement als ein Neben- und Miteinander traditioneller und völlig neuartiger Zugänge und Einstellungen.

Wandel des Ehrenamts

Olk beschrieb bereits 1987 folgendermaßen den Wandel des Ehrenamts: „An die Stelle der bedingungslosen Hingabe an die soziale Aufgabe unter Verzicht auf die Befriedigung eigener Bedürfnisse und Interessen tritt heute der Wunsch nach einem freiwillig gewählten Engagement, das sich zeitlich den eigenen sonstigen Bedürfnissen und Interessen anpassen lässt und die eigenen Kräfte und Möglichkeiten qualitativ nicht übersteigt (*Olk* 1987, S. 90). Dieser etwas holzschnittartig beschriebene Veränderungsprozess vollzieht sich, wie wir heute sehen, nicht linear, sondern als ein Neben- und Miteinander traditioneller und neuer Formen des Engagements.

Traditionelles Ehrenamt	Neues Freiwilligenengagement
Engagement in etabilierten Organisationen	Engagement in Initiativen und Projekten
Langjähriges, kontinuierliches Engagement	Zeitlich definiertes Engagement
Angefragt, gebeten, berufen oder gewählt	Eigener Entschluss
Altruistische Motivation und hohes Pflichtgefühl	Breit gefächerte Motivation: Spaß, Freude an der Tätigkeit, eigene Interessen und Nutzen, Geselligkeit
Diffuse Aufgabenstruktur	Konkrete Beschreibung der Tätigkeiten und Verantwortungsbereiche
Bereitschaft, sich in hierarchische und komplexe Strukturen einzufinden	Wunsch nach Transparenz der Strukturen sowie Möglichkeiten der Teilhabe und Mitbestimmung

Abb. 10: Traditionelles Ehrenamt und neues Freiwilligenengagement

In der Abbildung Nr. 10 werden idealtypisch „Traditionelles Ehrenamt“ und „Neues Freiwilligenengagement“ einander gegenübergestellt. Diese Aufstellung (in ähnlicher Form auch in *Zimmer* 2005, S. 117) verdeutlicht die Herausforderungen des Strukturwandels für die Engagierten sowie die Organisationen des Engagements.

Parallelität von Traditionellem und Neuem

In vielen Vereinen gibt es Mitglieder, die langjährig und kontinuierlich aktiv sind. Sie fühlen sich durch vielfältige persönliche Beziehungen und innere Überzeugung mit ihrer Organisation in besonderer Weise verbunden und empfinden ihren Einsatz für die Gemeinschaft als befriedigend und sinnvoll. Andere Engagierte übernehmen dagegen lieber befristet und ohne weitere Verpflichtungen eine klar umrissene Aufgabe. Sie setzen sich eher für ein spezielles Engagementthema ein und interessieren sich weniger für die übergeordneten Ziele der Gesamtorganisation. Freude finden sie beim Einsatz ihrer Fähigkeiten, der Zusammenarbeit mit Gleichgesinnten und zuweilen auch bei der Erweiterung ihrer Kompetenzen.

Es wäre falsch, die skizzierten Typen des Engagements bestimmten Generationen zuzuordnen. Oft übernehmen Aktive ein traditionelles Ehrenamt in der einen Organisation und engagieren sich außerdem in einer anderen befristet und projektbezogen für eine Sache, die ihnen besonders am Herzen liegt.

Neuer Beratungs- und Unterstützungsbedarf

Durch die Vielfalt der Orientierungen, Motive, Erwartungen und Möglichkeiten des Engagements entsteht auch ein neuartiger Beratungs- und Unterstützungsbedarf. Dieser bezieht sich einerseits auf Engagementinteressierte, die noch nicht genau wissen, wofür sie sich engagieren wollen. Freiwilligenagenturen, Freiwilligenzentren sowie Börsen geben hier Hinweise und Unterstützung (vgl. 1.6.3 Infrastrukturen des Engagements). Andererseits müssen Organisationen, die auf das freiwillige Engagement setzen, lernen, wie sie neue Freiwillige für ein Engagement gewinnen können, wie sie den Einsatz gestalten und die Freiwilligen bei ihren Aufgaben und in der Zusammenarbeit begleiten können. Die Ausbildung und Beratung zum Freiwilligen-Management (vgl. 3. Praxis des Freiwilligen-Managements) gibt Organisationen hierbei Unterstützung.

1.4.3 Zukunft des freiwilligen Engagements

„Engagement-markt" wird enger

Angesichts der Komplexität gesellschaftlicher Entwicklungen ist es schwer, Prognosen zur Engagemententwicklung abzugeben. Doch *Zimmer* (2005) weist darauf hin, dass trotz wachsender Engagementbereitschaft perspektivisch das Engagementpotenzial von Engagierten für die einzelne Organisation stetig abnehmen wird. Dies hängt nach ihrer Einschätzung zum einen mit der demografischen Entwicklung der alternden Gesellschaft zusammen; zum anderen wächst die Zahl der Organisationen, die auf den Einsatz von Freiwilligen setzen. Vor diesem Hintergrund sieht Zimmer auf dem „Engagementmarkt" (*Zimmer* 2005, S. 103) deutliche Vorteile für solche Organisationen, die über ein professionelles Freiwilligen-Management verfügen.

Bürger übernehmen öffentliche Aufgaben

Vor dem Hintergrund leerer öffentlicher Kassen und im Zuge des Umbaus im Sozialstaat sind immer häufiger die Bürger gefragt, soziale, kulturelle und freizeitbezogene Aufgaben selbst in die Hand zu nehmen, wenn sie nicht auf entsprechende Angebote und Infrastrukturen verzichten möchten. Es gibt inzwischen viele beeindruckende Beispiele von Bürgerengagement für den Erhalt von Büchereien, Schwimmbädern und anderen Serviceeinrichtungen. Oft werden in solchen Fällen die Einrichtungen sogar bürgerfreundlicher, weil nun Betroffene über Öffnungszeiten, Nutzungsbedingungen etc entscheiden. Inwieweit allerdings der Rückzug des Staates tatsächlich flächendeckend zu einem verstärkten öffentlichen Engagement der Bürger führen wird, und inwieweit diese die notwenigen Leistungen gewährleisten können, ist unter den aktuellen Bedingungen nicht auszumachen.

Gespaltene Bürgergesellschaft?

Auf einen weiteren kritischen Aspekt zur Entwicklung des Engagements haben *Brömme/Strasser* (2001) aufmerksam gemacht. Sie warnen vor der Gefahr einer „gespaltenen Bürgerschaft", in der sich eine gut ausgebildete Mittelschicht zunehmend in Selbsthilfegruppen und Initiativen zusammenfindet und engagiert, während die klassischen Organisationen sozialer und politischer Teilhabe (große Wohlfahrtsverbände, Kirchen, Gewerkschaften), mit ihren auch niedrigschwelligen Partizipationsangeboten massive Mitgliederverluste verzeichnen. *Brömme/Strasser* vermuten, dass durch den hohen Selbstorganisationsgrad der neuen Vereinigungen und Initiativen auch die Anforderungen an Engagierte steigen und eine Tendenz „vom Helfer zum freiwilligen Experten" entsteht. Dadurch würden die Verlierer der Bildungsexpansion auch vom Engagement abgekoppelt.

Die Zukunft wird zeigen, ob die Mittelschichtsorientierung von Initiativen und Selbsthilfegruppen tatsächlich Bildungsferne ausschließt, oder ob nicht die Themen- und Tätigkeitsbreite des neuen Freiwilligenengagements für alle Bevölkerungsschichten attraktiv wirkt. Festzuhalten ist allerdings, dass inzwischen immer mehr Förderprogramme darauf abzielen, auch Menschen für ein Engagement zu gewinnen, die eher am Rande der Gesellschaft stehen.

1.5 Wurzeln des freiwilligen Engagements

Freiwilliges Engagement ist ein Phänomen der westlichen Moderne. In Gesellschaften, die auf Ständen, Kasten oder Gewaltverhältnissen beruhen, verfügen Individuen kaum über Möglichkeiten, ihrem freien Willen Ausdruck zu verleihen und entsprechend zu handeln. In vorindustriellen traditionellen Gesellschaften sind wechselseitige Unterstützung und die Sorge für das Gemeinwohl Teil umfassender Systeme moralisch-ethischer Verpflichtung und wechselseitiger persönlicher Verbindlichkeit. Ebenso sind Partizipation und die Übernahme bestimmter Aufgaben durch explizite und implizite Normen geregelt. Eine nach westlichem Verständnis freie Entscheidung zum Engagement ist deshalb im Kontext traditioneller Gesellschaften nicht vorgesehen. In Diktaturen steht freiwilliges Engagement prinzipiell unter dem Verdacht staatsfeindlicher Tätigkeit und unterliegt damit oft massiven Restriktionen.

1.5.1 Historisch-philosophische Wurzeln

Etymologie

Das Wort „freiwillig" taucht im deutschen Sprachgebrauch erst im 16. Jahrhundert auf (*Der Duden Band 7*, 1997 Stichwort „frei"). Ebenso wie im Englischen und Französischen wurden als „Freiwillige" (volunteers, volontaires) zunächst Soldaten bezeichnet, die Wehrdienst leisteten, ohne dazu verpflichtet zu sein (*Meyers Lexikon*, 1999 Stichwort „Freiwillige"). Zu den historisch ersten Freiwilligen zählten Soldatenverbände der französischen Revolution, die gegen die kaiserlichen Truppen Ludwigs XVI kämpften. Zu Beginn des ersten Weltkriegs zogen viele junge Männer als „Kriegsfreiwillige" auf die Schlachtfelder und es wurde als ehrenvoll angesehen, als Freiwilliger zu sterben.

Die Wortherkunft verweist darauf, dass es beim freiwilligen Engagement um ganz grundsätzliche Probleme des Verhältnisses von Individuum und Gesellschaft geht:

Verhältnis von Individuum und Gesellschaft

Welchen Platz nimmt individuelles Engagement im Zusammenleben der Menschen ein?

- ist es Voraussetzung für ein gedeihliches Zusammenleben,
- ist es gesellschaftlich erwünscht oder gefordert,
- wird es als selbstverständlich angenommen,
- oder gilt es als Bedrohung des Gemeinschaftsverbandes?

Dies sind Fragen, mit denen sich auch die politische Philosophie befasst. Für die engagementpolitische Debatte sind sie insofern relevant, als in der aktuellen Engagementrhetorik unter den gleichen Begriffen sowohl sozialutopische Entwürfe wie auch sozialpolitische Sparmaßnahmen, radikaldemokratische Konzepte und Rechtfertigungen überkommener Strukturen zu entdecken sind (*Vogt* 2005, *Heins* 2002). Eine Verortung der Argumente kann zur Klarheit beitragen.

Philosophiegeschichtlich kann man prinzipiell zwei Traditionslinien der Engagementdiskussion unterscheiden (nach *Vogt* 2005, S. 62 ff):

Republikanische Tradition: Engagement im Staat

- Die republikanische Traditionslinie, die sich u.a. auf Aristoteles beruft. Hier wird davon ausgegangen, dass Teilhabe am Gemeinwesen zur Natur des Menschen gehört und zu einem ‚guten Leben' beiträgt. Das Gemeinwesen ist, wie es im Lateinischen heißt, *res publica* – Sache des Volkes –, Engagement ist gleichermaßen Recht und Pflicht. Es ist integrativer Bestandteil des Zusammenlebens und im Zweifelsfall steht das Gemeinwohl über dem Interesse des Einzelnen.

Liberale Tradition: Engagement neben dem Staat

- In der liberalen Traditionslinie, die von John Locke begründet wurde, stehen die Freiheit und freie Entscheidung des Einzelnen als verteidigungs- und schützenswertes Gut im Vordergrund. Im Gemeinwesen organisieren die Bürger ihr Leben und sich selbst auf freiheitlicher Basis und der Rechts- und Verfassungsstaat gibt dem Gemeinwesen einen für alle geltenden gesetzlichen Rahmen. Das Ob und Wie eines Engagements liegt in der freien Entscheidung jedes Einzelnen. Es hat seinen Platz nicht *in*, sondern *neben* der staatlichen Organisation.

Begriff der Zivil- oder Bürgergesellschaft

Diese beiden Argumentationsstränge durchziehen bis heute den engagementpolitischen Diskurs. Der schillernde, meist synonym verwendete Begriff der Zivil- oder Bürgergesellschaft ist hierfür ein Beispiel:
Zum einen ist damit, in Abgrenzung zu ‚unzivilen' Gesellschaften, die Vision einer aktiven Gesellschaft gemeint, in der sich das Prinzip der Selbststeuerung durch alle Bereiche des Lebens zieht – angefangen bei einer engagementorientierten Erziehung in Kindergarten und Schule, über die demokratische Gestaltung von Politik und Wirtschaft, bis hin zur Teilhabe an allen kulturellen Belangen. Ansätze einer solchen *civil society* (Charles Taylor, Michael Sandel, Amitai Etzioni) setzen auf die Stärkung sozialer Netzwerke, die bildungspolitische Förderung von Bürgerengagement sowie die aktive Rolle des Staates als Garant sozialer Gerechtigkeit. Diese Auffassung von Zivilgesellschaft entspricht der republikanischen Tradition *(Vogt 2005)*.

Zum anderen wird als Bürger- oder Zivilgesellschaft der faktisch vorfindbare, mehr oder weniger abgegrenzte gesellschaftliche Bereich der freien Assoziationen (Vereine, Verbände, Gewerkschaften, Selbsthilfegruppen, Initiativen) verstanden, der als „Dritter Sektor" zwischen Markt und Staat angesiedelt ist. Prominentester Vertreter einer solchen liberalen Auffassung von Bürgergesellschaft ist Ralf Dahrendorf. Er sieht darin „eine Gesellschaft, in der die Vielfalt autonomer Institutionen und Organisationen aufrecht erhalten wird durch den Bürgersinn ihrer mit Rechten ausgestatteten Mitglieder, die daher Bürger im weitesten und tiefsten Sinne sind" (*Dahrendorf* 1993, S. 75). Pluralität der Vereinigungen, Unabhängigkeit vom Staat sowie ein Bürgersinn, der auf Toleranz und Gewaltfreiheit beruht, sind für Dahrendorf Kernpunkte einer so verstandenen Bürgergesellschaft.

Eine dritte Variante stellt das Habermas'sche Konzept der Zivilgesellschaft dar. Er bezeichnet es selbst als einen „Mittelweg zwischen Republikanismus und Liberalismus, der die Schwachpunkte dieser beiden Pole weitgehend vermeidet" (*Vogt* 2005, S. 98). Für Habermas geht es bei der Zivilgesellschaft nicht um die Aktivitäten in Vereinen oder Verbänden oder die Förderung von Bürgertugenden für ein ‚gutes Leben', sondern um öffentliche politische Diskurse. Er sieht als zentrale Aufgabe der Zivilgesellschaft, dass sie in einer parlamentarischen Demokratie den rechtsstaatlich verfassten politischen Prozess kritisch begleitet und ergänzt. Dies geschieht einerseits, indem sie Themen auf die Tagesordnung bringt, die sonst unter den Tisch fallen würden. Andererseits fungiert sie als eine Art Sprachrohr der lebensweltlichen Vernunft, die sich gegen Zumutungen von Staat und Wirtschaft behauptet. Die Zivilgesellschaft ist insofern der kritische Teil des Gemeinwesens und umgekehrt ist der Staat Hüter des Gemeinwohls gegenüber populistischen Tendenzen und Partikularinteressen.

1.5.2 Historische Vorbilder des Engagements

Auch wenn freiwilliges Engagement im eigentlichen Sinne erst möglich ist, seit allen Bürgern das Recht auf freie Entfaltung ihrer Persönlichkeit zuerkannt wurde (z.B. im Artikel 1 des Grundgesetzes der Bundesrepublik Deutschland), gibt es historisch viele Beispiele des Engagements, die bis heute die Vorstellungen davon prägen, was Engagement ausmacht und bewirkt. Hierzu zählen die Lebensgeschichten der Gründer großer Wohlfahrtsverbände (z.B. Henri Dunant, der das Internationale Komitee vom Roten Kreuz begründete) genauso wie die Biografien politischer Parteiführer (z.B. die Entwicklung des Grünen-Politikers Joschka Fischer vom Straßenkämpfer zum deut-

Lebensgeschichten, Biografien, Erzählungen

schen Außenminister) oder Erzählungen von Frauen, die sich als Vorläuferinnen der professionellen Sozialarbeit in der ehrenamtlichen Armenfürsorge engagierten (z.B. Alice Salomon, die als Wegbereiterin der Sozialarbeit als Beruf gilt).

18. und 19. Jahrhundert: Gründungsboom von Vereinen

Jeder Engagementbereich kann seine eigene Geschichte erzählen und geht dabei zurück auf Ursprünge, die unter Umständen mehrere hundert Jahre zurückliegen oder, wie bei den meisten deutschen Vereinsgeschichten, ins 18. oder 19. Jahrhundert führen. Dieser klassische Zeitraum für die Anfänge des Engagements in Deutschland ist darin begründet, dass im Zuge der Aufklärung und industriellen Revolution sich die traditionellen gesellschaftlichen Strukturen auflösten und sich eine dramatische Veränderung der Organisationen vollzog. Der Verein wurde zum „Prototyp der Organisation und Motor der Modernisierung" (*Zimmer* 2007, S. 45). Im 18. bis zur Mitte des 19. Jahrhunderts wurden Lesegesellschaften, Turn- und Gesangvereine sowie Burschenschaften, patriotische Vereine und Logen gegründet. Mit der Zunahme sozialer Probleme in den industriellen Ballungsräumen entstanden Arbeitervereine, caritative Organisationen, wie zum Beispiel Diakonie und Caritas, sowie Spar- und Darlehens- und Konsumvereine.

Drei Beispiele

Aus der Fülle der Engagementbereiche werden im Folgenden drei Beispiele vorgestellt. Es handelt sich bei keinem der Beispiele um ein Engagement nach den in Kapitel 1.1 genannten Merkmalen. Aber jedes repräsentiert einen besonderen Akzent des Engagements, durch den die spezifischen Chancen und Grenzen der historischen Situation spürbar werden.

Stifter eines Krankenhauses

Das Hotel Dieu in Beaune
1443 stiftete Nicolas Rolin, einer der damals reichsten und mächtigsten Männer Burgunds, in Beaune in Frankreich ein Armenkrankenhaus. Eine Gemeinschaft „frommer Frauen" versorgte dort Alte, Behinderte, Waise, Kranke, Gebärende und Notleidende. Bis zu ihrem Tod übernahmen Nicolas Rolin und seine Frau Guigone de Salins selbst die Leitung und Verwaltung des Hospizes, „danach strebend, irdische Gaben gegen Gottes Gaben zu wechseln...". Im Lauf der Jahrhunderte häufte sich in dem Armenkrankenhaus durch zahlreiche Geschenke und weitere Stiftungen ein Schatz an Grundbesitz, Gebäuden, Kunstwerken so-

wie Zeugnissen der Krankenpflege und Sozialgeschichte an. Noch heute wird das Hospiz aus den Erträgen seiner Weinberge finanziert. Der Wein des Hotel Dieu gilt als Spitzenprodukt. Die jährlichen Weinauktionen in Beaune sind ein gesellschaftliches Event und die dort erzielten Preise ergeben den Richtwert des jeweiligen Burgunder-Jahrgangs. Auf der Website des Hospiz heißt es: Die Auktion ist ein wohltätiges Werk ganz im Sinne von Nicolas Rolin und Guigone de Salins, indem die Einnahmen für den Erhalt der Güter und die Gewährleistung der Pflegedienste verwendet werden" (Vergl. www.hospices-de-beaune.com).

Engagement für Gotteslohn

Das Beispiel des Hospizes in Beaune zeigt die lange Tradition der Armenpflege und wie wirtschaftliches Denken und soziales Engagement sich zur Wohltätigkeit verbinden können. Im 15. Jahrhundert ist es noch ganz selbstverständlich, mit Gott einen Handel um das eigene Seelenheil einzugehen. Ein Jahrhundert später stellt die Reformation die Vorstellung, sich mit guten Taten einen Platz im Himmel sichern zu können, radikal in Frage.

Die Freiwillige Feuerwehr von Kirchhardt

Übernahme kommunaler Aufgaben

Im Jahr 1811 wurde der Gemeinde Kirchardt (heute Baden-Württemberg) nahe gelegt, ein freiwilliges Feuerwehrcorps zu gründen und dieses auch finanziell zu unterstützen. Bis 1876 wollte aber kein männlicher Bürger sich freiwillig dem „militärischem Drill" eines solchen Vereins unterordnen. 1878 scheiterte der zweite Versuch. Zwar hatten sich einige Männer bereiterklärt, bei einer freiwilligen Feuerwehr mitzumachen, aber die Gemeindeverwaltung hielt es für wichtiger, dass sich die Männer an einer Feldbereinigung beteiligen. Im Dezember 1905 wurde wieder die Nützlichkeit einer Freiwilligen Feuerwehr für Kirchardt erörtert. Im Beisein des Kreis-Feuerwehrkommandanten und des Kirchardter Bürgermeisters mussten sich 56 ortsansässige Bürger durch eigenhändige Unterschrift bereit erklären, sofort nach der Gründung der Freiwilligen Feuerwehr beizutreten. Dann ging es ganz schnell: Im Mai 1906 erteilte das Großherzogliche Bezirksamt in Sinsheim die Genehmigung für die Satzung. Heute schützt eine Mannschaft von 49 Aktiven Kirchardt vor Feuergefahren. Darüber hinaus gibt es eine Jugendfeuerwehr und eine Feuerwehrkapelle (Vgl. www.ffw-kirchardt.de).

Engagement auf Anordnung von „oben"

Das Beispiel aus Kirchhardt zeigt, wie es nur durch Druck von oben und nach mehreren Anläufen gelang, für den Ort eine Freiwillige Feuerwehr zu konstituieren. Die Tatsache, dass die Obrigkeit 1878 die Bereitschaft einiger Freiwilliger sogar für andere Zwecke nutzte, kann als Hinweis auf den geringen Grad einer wirklich freien Entscheidung gewertet werden. Heute engagieren sich in Deutschland über 1,7 Millionen Menschen im Zivil – und Katastrophenschutz.

Bertha Pappenheim, Sozialpionierin und Gründerin des Jüdischen Frauenbunds

Bertha Pappenheim (1859–1936) begann sich nach einer schweren psychischen Krankheit 1888 schriftstellerisch zu betätigen und sozial und politisch zu engagieren. Zunächst arbeitete sie in Frankfurt/Main in einer Armenküche und als Vorleserin in einem jüdischen Mädchenwaisenhaus. Später schloss sie sich dem Allgemeinen Deutschen Frauenverein an und reiste in dessen Auftrag 1902 nach Galizien, wo sie die sozialen und religiösen Hintergründe des Mädchenhandels mit Deutschland untersuchte. Ihr Lebenswerk war die Errichtung und Leitung eines jüdischen Heims für von Prostitution bedrohte jüdische Mädchen und deren nichteheliche Kinder. Um für die laufende Finanzierung des Heims nicht von reichen Einzelspendern abhängig zu sein, nutzte sie den Jüdischen Frauenverein als Träger und Eigentümer des Hauses.

1938 wurde von der NSDAP die Auflösung des Heims betrieben, es wurde am 10. November 1938 in Brand gesteckt und im März 1942 endgültig aufgelöst. Die noch verbliebenen Heimbewohner wurden deportiert.

Engagement trotz gesellschaftlicher Restriktionen

Das Engagement Bertha Pappenheims fällt in die klassische Zeit der Gründung sozialer und politischer Vereinigungen. Doch ihr Engagement als jüdische Frau ist nicht unbedingt erwünscht, steht sie doch für zwei Emanzipationsbewegungen des 19. und 20. Jahrhunderts: Juden waren bis 1871 in Deutschland nicht mit den vollen Bürgerrechten ausgestattet und Frauen bekamen erst 1919 das Wahlrecht. Auch innerhalb der jüdischen Gemeinschaft bekam sie für ihr Engagement erheblichen Gegenwind, weil sie mit dem Thema Mädchenhandel und Prostitution die Doppelmoral der besseren Kreise der Frankfurter Gesellschaft an den Pranger stellte und die hohe Leidensbereitschaft von Mädchen aus dem jüdisch-orthodox geprägten rückständigen Galizien thematisierte. Pappenheims Engagement ist schließlich ein Beispiel dafür, wie in Diktaturen bestimmtes soziales und politisches Engagement mit allen Mitteln bekämpft wird. Während die Nationalsozialisten die deutsche Bevölkerung für unterschiedlichste soziale und politische Zwecke mobilisierten, wurden Kommunisten, Sozialdemokraten, Juden, Sinti und viele engagierte Oppositionelle ihrer Bürgerrechte beraubt und in Konzentrationslagern umgebracht.

Heute ist dagegen gemeinwohlorientiertes soziales und bürgerschaftliches Engagement nicht nur erwünscht, es gilt als Kernbestandteil einer demokratisch verfassten Gesellschaft.

1.6 Gesellschaftliche Bedeutung des Engagements

Sonntagsreden

Für Sonntagsreden kann man die gesellschaftliche Bedeutung des Engagements auf folgende etwas schlichte Formel bringen: Freiwilliges Engagement macht nicht nur den Engagierten Spaß, sondern unterstützt auch die Organisationen in denen es ausgeübt wird, hilft den Nutznießern wie zum Beispiel Kindern, Jugendlichen oder alten Menschen und schützt Natur und Umwelt kurz: Freiwilliges Engagement nutzt allen! Beim genaueren Hinsehen wirft die Frage nach der gesellschaftlichen Bedeutung des Engagements aber einige Fragen auf:

Worin liegt der gesellschaftliche Vorteil des Engagements genau?
- Wie verhält sich das Engagement zu anderen gesellschaftlichen Aktivitäten, speziell zur Erwerbsarbeit?
- Ist das Engagement der Bürger ein Selbstläufer oder welche gesellschaftliche Unterstützung ist von Nöten?

Zu diesen Fragen wird im Folgenden der aktuelle Stand der Diskussion skizziert.

1.6.1 Engagement als soziales Kapital

Was das freiwillige Engagement gesellschaftlich bedeutet, wird seit Mitte der neunzehnhundertneunziger Jahre unter dem Begriff des sozialen Kapitals diskutiert. Darunter versteht man die Qualität sozialer Beziehungen als Ressource. Soziale Beziehungen sind ein Kapital, das

Ressource: Soziale Beziehungen

umso größer ist, je intensiver und stärker die sozialen Beziehungen sind und je mehr sie von Individuen, Gruppen oder der Gesellschaft genutzt werden (*Oshege 2002*, S. 9).

Pierre Bourdieu: Ungleiche Verteilung des sozialen Kapitals

Der Begriff „soziales Kapital" geht zurück auf Untersuchungen des französischen Soziologen *P. Bourdieu*, der neben dem ökonomischen Kapital kulturelles, symbolisches und soziales Kapital als Resultate menschlichen Handelns beschreibt. Für ihn ist die gesellschaftliche Welt eine Geschichte von „Kapitalakkumulation", nämlich das Anhäufen von

- materiellen Gütern und Produktionsmitteln (ökonomisches Kapital),
- von Qualifikationen, Kompetenzen und Bildung (kulturelles Kapital),
- sozialen Verpflichtungen und Beziehungen (soziales Kapital)
- sowie von sozialem Ansehen (symbolisches Kapital).

Bourdieu hat in sehr feinsinnigen Beobachtungen vor allem der französischen Gesellschaft gezeigt, dass neben dem ökonomischen Vermögen, Bildung, soziale Beziehungen und Prestige das menschliche Miteinander entscheidend steuern und dafür sorgen, wer dazugehört und wer außen vor bleibt. Das, was zum gesellschaftlichen Erfolg oder Misserfolg führt und als Glück, Begabung oder Talent erscheint, ist nach Bourdieu tatsächlich ökonomisches, kulturelles, soziales und symbolisches Kapital, das äußerst ungleich verteilt ist.

J. S. Coleman: Nützlichkeit sozialen Kapitals

Aus einer ganz anderen Perspektive hat *J. S. Coleman* den Begriff des sozialen Kapitals aufgegriffen. Auf der Suche nach einer umfassenden Sozialtheorie interessiert er sich dafür, wie soziale Beziehungen in bestimmten Strukturen funktionieren, wie sie genutzt werden können und wo sie schädlich wirken. Bei dieser utilitaristischen Sichtweise wird der besondere Charakter sozialen Kapitals im Unterschied zum ökonomischen Kapital deutlich.

Anders als das ökonomische Kapital ist soziales Kapital immateriell und damit schwer zu fassen. Zudem zerbrechen soziale Beziehungen, wenn sie nicht gepflegt werden. Es ist also nicht möglich, soziales Kapital strategisch anzuhäufen, um es später zu nutzen, sondern es muss ständig aktiv gehalten werden. Darüber hinaus fällt soziales Kapital oft nur als „Nebenprodukt" anderer Tätigkeiten ab und kann auch nie in Gänze genutzt werden. „Ein Großteil sozialen Kapitals entsteht oder vergeht, ohne dass irgendjemand bewusst dazu beiträgt" (*Colemann bei Oshege* 2002, S. 13). Coleman bestimmte sechs Aspekte, die das Entstehen und die Wirksamkeit sozialen Kapitals erhöhen:

- wechselseitige Verpflichtung sowie die Vertrauenswürdigkeit der Beziehungen,
- Informationspotenzial der Beziehungen,
- Normen und wirksame Sanktionen,
- abgestufte Rechte der Kontrolle und Einflussnahme,
- flexible Ziele,
- Netzwerke, die eine gewisse Exklusivität gewährleisten.

Soziales Kapital ist bei *Coleman* sowohl individuelle Ressource als auch ein Kollektivgut. Familienbande, soziale Netze oder gesellschaftliche Normen sind Orte in denen soziales Kapital entsteht, angehäuft wird und seinen Nutzen entfaltet.

Putnam: Soziales Kapital als Kollektivgut

R. Putnam hat Mitte der 90er Jahre in den USA genauer untersucht, wie soziales Kapital als Kollektivgut wirksam wird. Er beschäftigte sich mit der Frage, wie der gesellschaftliche Zusammenhalt gemessen werden kann und erforschte das Ausmaß von politischer Partizipation, die Mitgliedschaft und Aktivität in Verbänden und Vereinen sowie die Teilhabe an informellen Zusammenhängen wie Parties und Sportveranstaltungen. Darüber hinaus maß er das politische Vertrauen der Bürger, ihre Bereitschaft zu Altruismus und freiwilligem Engagement, Ehrlichkeit und Reziprozität sowie Spendebereitschaft und Teilnahme an Blutspendeaktionen u.ä. Unter dem Titel „*Bowling alone*“ (Alleine Kegeln gehen) veröffentlichte er schließlich eine Gesellschaftsdiagnose der USA, die von Verfallserscheinungen des sozialen Kapitals berichtete, trotz des Gründungsbooms von Frauenorganisationen, Umweltverbänden und Selbsthilfegruppen. Diese Studie hat in Amerika und Europa viel Aufsehen erregt und dazu beigetragen, dass der Begriff des Sozialkapitals allgemeine Verbreitung fand. Leider sind Putnams Befunde weder theoretisch noch empirisch ausreichend fundiert, so dass er selbst einige seiner Aussagen korrigieren musste. Das Konzept des Sozialkapitals als Möglichkeit, die gesellschaftlichen Aspekte des freiwilligen Engagements genauer zu fassen, wird aber inzwischen in der engagementpolitischen Debatte häufig verwendet.

Kritik

Kritisch beleuchtet *A. Zimmer* die Beliebtheit des Begriffs Sozialkapital: Sie hält ihn deshalb für so erfolgreich, weil er sich sofort auszahlt ohne den öffentlichen Haushalt zu belasten, ohne Risiko und zeitliche Verzögerung. „Man gewinnt immer, und zwar als Einzelperson und als Gruppe. Sozialkapital wird nämlich durch Gebrauch nicht weniger, sondern vermehrt sich kontinuierlich und sofort... Schließlich ist Sozialkapital auch noch umsonst zu haben. Anders als ‚normales Kapital' muss man Sozialkapital nicht am Markt aufnehmen und Zinsen dafür zahlen, sondern es steht als Ressource zinslos und damit praktisch umsonst zur Verfügung. Und man kann schließlich auch per Definition keine Fehlinvestition tätigen, da Vertrauen, Verlässlichkeit und Gegenseitigkeit im sozialen Netzwerk an und für sich etwas Positives darstellen". (*Zimmer* 2002, S. 21)

1.6.2 Engagement und Erwerbsarbeit

Es ist umstritten, ob der Arbeitsbegriff, der gemeinhin mit Erwerbsarbeit gleichgesetzt wird, auch für das freiwillige Engagement verwendet werden sollte. Einer konkreten Tätigkeit ist aber nicht anzumerken, ob sie bezahlt oder als ein freiwilliger Beitrag erbracht wird. Es sind die spezifischen sozialen Verhältnisse, die Motivation und der Kontext, die aus einer Tätigkeit ein freiwilliges Engagement, eine Nebentätigkeit oder aber eine Erwerbsarbeit machen. Diese eher diffusen Unterschiede zwischen Erwerbsarbeit und Engagement haben dazu beigetragen, dass auch materielle Fragen in der Engagementdebatte immer wieder eine Rolle spielen, obwohl diese eine Ausrichtung auf materiellen Gewinn eigentlich ausschließt. Umgekehrt geraten Aspekte des Danks, der Ehre und der persönlichen Anerkennung, die mit dem Engagementbereich integral verbunden sind, im Alltag des freiwilligen Engagements oft ins Hintertreffen.

Diffuse Unterschiede zwischen Engagement und Erwerbsarbeit

Überschneidungen und Grauzonen

Dass freiwilliges Engagement und finanzielle Anerkennungen sich nicht gegenseitig ausschließen, zeigt sich beispielsweise in der Forderung, Engagement steuerlich zu berücksichtigen oder als Ersatzleistung für Studiengebühren anzuerkennen. Auch Non-Profit-Organisationen machen sich eine materielle Sichtweise auf das Engagement zueigen, wenn sie bei Förderanträgen oder Evaluationen die freiwillig und unbezahlt erbrachten Leistungen in Geldwert ausdrücken.

Besonders schwierig wird der Zusammenhang von freiwilligem Engagement und materiellen Aspekten, wenn Menschen, die nicht ausreichend finanziell abgesichert sind, zum Engagement ermutigt werden. Für sie stellt die Aufwandsentschädigung – eigentlich eine pauschale Erstattung von Aufwendungen – ein nennenswertes Einkommen dar. Umgekehrt nutzen viele gemeinnützige Organisationen den Einsatz so genannter „Ein-Euro-Jobber", ohne deren Tätigkeit von den Aufgaben der freiwillig Aktiven und hauptamtlich Beschäftigten angemessen zu unterscheiden.

Dies alles sind Grauzonen zwischen Engagement und Erwerbsarbeit, die sich auch künftig nicht erhellen, sondern sich voraussichtlich noch ausdehnen werden und an Bedeutung gewinnen. Im konkreten Umgang mit Freiwilligen und mit Organisationen, die auf das freiwillige Engagement bauen, ist es aber wichtig, einige Kriterien für die unterschiedliche Ausrichtung der Tätigkeiten zur Verfügung zu haben.

Erweiterter Arbeitsbegriff

Hildebrandt (2007) hat hierfür einen Rahmen entwickelt, der die Einordnung und Bewertung des Engagements erleichtert. Sein erweiterter Arbeitsbegriff thematisiert die Entwicklung vom Normalarbeitsverhältnis als dominante Art seinen Lebensunterhalt zu verdienen hin zu Zukunftsentwürfen, die Erwerbsarbeitszeitverkürzung mit Sozialeinkommen und Bürgerarbeit verknüpfen.

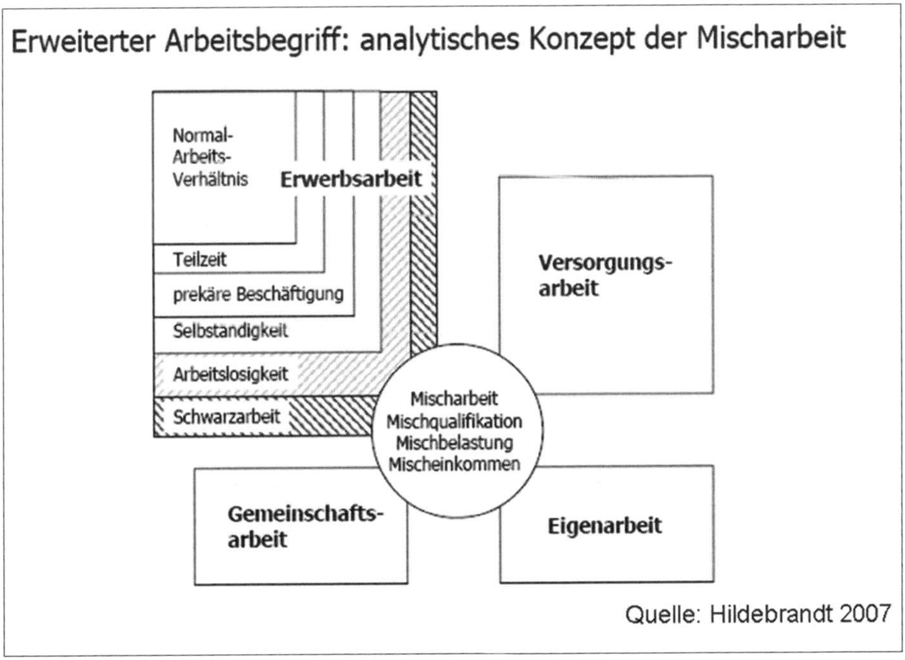

Abb. 11: Erweiterter Arbeitsbegriff

Die ganze Arbeit und ihre 4 Formen

Abbildung Nr. 11 zeigt vier Arbeitsformen, die als gleichrangig zu werten sind, aber erst in ihrer Summe die ganze Arbeit einer Person ergibt:

- Erwerbsarbeit, die zur Sicherung des Lebensunterhalts geleistet wird,
- Versorgungsarbeit, mit der die Sorge für Kinder und Ältere sowie Kranke und Behinderte gemeint ist,
- Eigenarbeit, die die Sorge für sich selbst in körperlicher, emotionaler und intellektueller Hinsicht bedeutet,
- Gemeinschaftsarbeit, mit der die Sorge für das soziale Leben und die Umwelt, politisches Engagement und Hilfe in Not und Katastrophen etc. bezeichnet wird.

Mischarbeit

Der zeitliche Umfang, die Bedeutung, das Gewicht und der Nutzen der einzelnen Formen sind extrem abhängig vom jeweiligen Lebensalter, der aktuellen Lebenssituation, dem Lebensentwurf, der Arbeitsmarktlage etc. Mischarbeit heißt das Konzept, weil damit „Mischqualifikationen" vorausgesetzt werden, „Mischbelastungen" stattfinden und sich ein „Mischeinkommen" ergibt. Die Mischarbeit umfasst damit alles, was früher getrennt betrachtet wurde: die Bereiche der „Arbeit" und die Bereiche des „Lebens" oder die „weibliche Hausarbeit" und das „männliche Geldverdienen" etc.. Auch die vielen Zwischenformen, wie der Übergang von freiwilligem Engagement zur teilweise oder ganz bezahlten Arbeit finden hier ihren Platz.

Mit dem Konzept der Mischarbeit wird die Problematik der Grauzonen zwischen freiwilligem Engagement und Erwerbsarbeit nicht aufgehoben, aber die verschiedenen Bereiche erhalten eine Bezeichnung und werden damit für ein Gespräch zugänglich und verhandelbar.

1.6.3 Infrastrukturen für das freiwillige Engagement

Die Bundesrepublik Deutschland galt lange als ein „Entwicklungsland" des freiwilligen Engagements. Dies wird einerseits auf die obrigkeitsstaatliche Tradition zurückgeführt, andererseits auf die Zeit des Nationalsozialismus mit der Umwertung aller Werte und schließlich auf die Erfahrung des verordneten Engagements in der DDR. Als weiteres Argument für die langjährig geringe öffentliche Aufmerksamkeit für den Engagementbereich gilt die Tatsache, dass Deutschland über ein umfangreiches System sozialer Sicherung verfügt.

Inzwischen hat sich die politische Situation in Deutschland und das Verhältnis zum Engagement grundlegend verändert. Mit dem Slogan: „Freiwilliges Engagement ist unbezahlbar, aber nicht kostenlos" weisen Aktive des Engagementbereichs immer wieder darauf hin, dass das Engagement auch entsprechende Infrastrukturen benötigt. Spätestens seit der Einberufung der Enquete-Kommission „Zukunft des bürgerschaftlichen Engagements" des deutschen Bundestags im Jahr 2000 wird an einer solchen Infrastruktur und umfangreichen Unterstützung des Engagements intensiv gearbeitet. Dies muss als ein permanenter Entwicklungsprozess verstanden werden, weil sich das Engagement als Thema des gesellschaftlichen Wandels ständig verändert.

„Freiwilliges Engagement ist unbezahlbar aber nicht kostenlos"

Aufbau von Infrastrukturen ist permanenter Entwicklungsprozess

Grob unterteilen lassen sich die Infrastrukturen des Engagements in folgende vier Bereiche:

1. Gesetzliche Regelungen
2. Gestaltung der politischen Strukturen
3. Netzwerke des Engagements
4. Intermediäre Unterstützungsstrukturen

An dieser Stelle soll nur ein kleiner Einblick in die Infrastrukturen des Engagements gegeben werden. Über die aktuellen Diskussionen und neuesten Entwicklungen bieten die Internetportale der Landesnetzwerke und vor allem das Bundesnetzwerk Bürgerschaftliches Engagement umfangreiche Informationen.

Im deutschen Bundestag befasst sich ein „Unterausschuss bürgerschaftliches Engagement" mit laufenden Gesetzesvorhaben und Initiativen, die die Rahmenbedingungen für bürgerschaftliches Engagement betreffen. Das „Gesetz zur weiteren Stärkung des bürgerschaftlichen Engagements", verabschiedet im Oktober 2007, wurde beispielsweise von diesem Ausschuss auf den Weg gebracht.

Gesetzliche Regelungen

Unter dem Stichwort Bürgerkommune gibt es vielfältige Initiativen, um die Partizipationsstrukturen auf kommunaler Ebene zu verbessern und zu erweitern. Ein Beispiel sind die so genannten Bürgerhaushalte, mit denen in etlichen Gemeinden die Bürgerbeteiligung bei der Entscheidung über kommunale Investitionen gestärkt wird.

Gestaltung politischer Strukturen

Netzwerke des Engagements

In allen Bundesländern gibt es inzwischen Engagementnetzwerke, die mit zum Teil hervorragenden Internetportalen über den Stand des freiwilligen Engagements im jeweiligen Bundesland informieren. Es handelt sich dabei um Zusammenschlüsse von Wohlfahrtsverbänden, Organisationen des Engagements, Vereinen und Initiativen, in der Regel gefördert oder unterstützt durch die jeweilige Landesregierung. Auf Bundesebene besteht seit 2002 das Bundesnetzwerk bürgerschaftliches Engagement (BBE), das seinem Anspruch nach die drei großen gesellschaftlichen Bereiche Bürgergesellschaft, Staat und Kommunen sowie Wirtschaft und Arbeitsleben miteinander verknüpft. Kongresse, ein Internetportal, Publikationen sowie eine lebendige Diskussionskultur sind Bestandteile des Netzwerks.

Intermediäre Unterstützungsstrukturen

In vielen Gemeinden, als freie Initiativen und auch in Wohlfahrtsverbänden gibt es Freiwilligenagenturen oder Freiwilligenzentren, die sich als Beratungseinrichtungen und Vermittlungsagenturen für Organisationen und Interessierte verstehen. Sie halten Informationen über Engagementmöglichkeiten vor Ort bereit und beraten und unterstützen den Einsatz von Freiwilligen in den für sie geeigneten Engagementbereichen. Freiwilligenbörsen bieten an besonderen Tagen die Möglichkeit sich zu informieren und unmittelbar und direkt Kontakt aufzunehmen.

2. Sozialmanagement und Freiwilligen-Management – eine sinnvolle Ergänzung

Thomas Kegel

Management ist die schöpferische Kunst,
Talente richtig einzusetzen.
Unbekannt

Einleitung

Jede Organisation, die soziale Dienstleistungen erbringt, hat ein Management. Obwohl dies eine Binsenweisheit ist, hat die Lehre vom Sozialmanagement erst Anfang der 80er Jahre des 20. Jahrhunderts in die Methodenlehre der Sozialarbeit Einzug gehalten (*Müller-Schöll*, A. 1983). Von einer Konjunktur des Sozialmanagements kann man ab der zweiten Hälfte der 80er Jahre sprechen – diese war bedingt durch die zunehmend schneller und tiefgreifender wirkende Entwicklung der marktwirtschaftlich organisierten Demokratien. Spätestens mit der „Wende" in den ehemaligen kommunistischen Ländern wurde deutlich, dass auch die soziale Arbeit und die Sozialwirtschaft in großen Bereichen nach marktwirtschaftlichen Gesichtspunkten wie Effizienz und Effektivität organisiert werden muss. War zunächst bei den Studierenden der Sozialen Arbeit eine große Skepsis gegenüber dem Sozialmanagement zu verspüren – vermutet wurde der Einbruch des Kapitalismus in die Soziale Arbeit, so hat sich dies grundlegend geändert. Heutzutage ist Sozialmanagement akzeptiert und arbeitet mit hervorragenden Ergebnissen. Der Dritte Sektor – in dem die Organisationen der Sozialen Arbeit überwiegend zu Hause sind – ist ein gewichtiger Wirtschaftsbereich (er stellt etwa 5 % aller Betriebe in Deutschland) und bietet eine hohe Beständigkeit bei den Arbeitsplätzen. Wahrscheinlich sind die Sozialmanager bedeutend besser und erfolgreicher als ihre Kollegen in der Wirtschaft – jedenfalls hört man kaum etwas von „Nieten in Nadelstreifen" in den Nicht-für-Profit-Organisationen. Aber was heißt Management? Und was hat das alles mit Freiwilligen und Ehrenamtlichen zu tun? In hoch arbeitsteiligen Gesellschaften wie den modernen marktwirtschaftlich- demokratischen Gesellschaften bilden Organisationen die Grundstrukturen der Gesellschaften. Unsere Gesellschaft ist ohne Organisation gar nicht denkbar, sie ist eine Organisationsgesellschaft (*Schwarz*, 2001). Gleichgültig, ob

Skepsis gegenüber dem Sozialmanagement

diese Organisationen erwerbswirtschaftlich oder nicht erwerbswirtschaftlich arbeiten, haben diese Organisationen grundlegende Eigenschaften:

Eigenschaften von Organisationen der Sozialwirtschaft

- Sie sind zweck- und zielgerichtet. Bestimmte Aufgaben werden durch das Erbringen bestimmter Leistungen erfüllt.
- Sie sind offene und umfeldbezogene Systeme. Sie interagieren mit anderen Organisationen und haben vielfältige Außenbeziehungen. Sie „beschaffen ihre Mittel auf Märkten, geben ihre Leistungen nach außen ab, orientieren sich an den Gegebenheiten und Entwicklungen der für sie relevanten Umfelder, haben aber gleichzeitig die Aufgaben sich gegen das Umfeld abzugrenzen, sich eine eigene Identität zu schaffen und zu bewahren." (*Schwarz, Purtschert, Giroud, Schauer;* 2002, S. 30)
- Sie sind produktive Systeme. Um ihre Aufgaben erfüllen zu können, müssen sie Geld und andere Produktionsmittel sowie menschliche Arbeitskräfte beschaffen. Diese Produktionsmittel müssen planvoll organisiert als Arbeitsprozesse miteinander verbunden werden. Die „Produkte" (die ja in der Sozialen Arbeit nicht immer so einfach zu benennen sind) müssen dann auch an die Nutzer und Konsumenten gelangen- also auf den „Markt" getragen werden.
- Sie sind als Organisationen soziale Systeme, denn sie werden gebildet durch Menschen, die in vielfältigen Beziehungen miteinander verbunden sind und deren Beziehungen durch die menschliche Arbeit und deren Arbeitsteilung grundlegend gestaltet wird. „... menschliche Arbeit ist der zentrale Produktionsfaktor, der aber nicht rein rational beschafft und eingesetzt werden kann wie etwa Maschinen und Finanzmittel. Menschen müssen geführt, motiviert, zur Zielübernahme und Arbeitsleistung „bewegt" werden." (a.a.O.) Dazu müssen die Organisationen ihren Mitarbeitenden eine gewisse Bedürfnis- und Interessenbefriedigung bieten.
- Sie haben nicht zuletzt als Organisation eine Verfassung, Satzungen, Statuten – also Regel- und Normenwerke, in denen die Zwecke und Zielsetzungen einerseits sowie andererseits die Strukturen, Positionen, Funktionen, Rechte und Pflichten der Mitarbeitenden geregelt sind.

  Solcherart definierte Organisationen haben in der Regel aus organisatorischen Gründen eine gewisse Anzahl von Personen, die als Mitarbeitende die Funktion Management innehaben.

2.1 Definition Management

Definition Management

Management ist die zielorientierte Gestaltung, Steuerung und Entwicklung des Systems Organisation in sach- und personenbezogener Dimension (nach Hopfenbeck, 1991). Management wird inhaltlich ausdifferenziert durch folgende Aspekte: Leitung, Lenkung, Steuerung.

Manager haben eine Vielzahl von Aufgaben:
- sie müssen die Lage ihrer Organisation beurteilen in Bezug auf die Gesamtsituation,
- diese Situationen müssen transparent gemacht und verdeutlicht werden, situativ entstandene Probleme müssen analysiert werden,
- Ziele entwickelt und bestimmt werden, Entscheidungen vorbedacht, beraten und getroffen werden, Problemlösungen unterschiedlichster Art vorgedacht und in einer Aufgabenteilung delegiert werden,
- Abläufe und Tätigkeiten müssen geplant und organisiert, Leistungen/Zielerfüllungen und Kosten kontrolliert, Qualität erfüllt und Mitarbeiterinnen und Mitarbeiter geführt werden – und viele andere Managementaufgaben mehr.

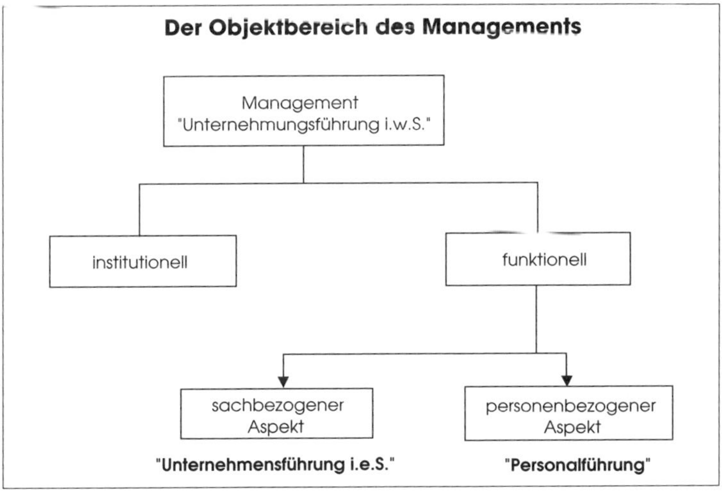

Abb. 12: Der Objektbereich des Managements (aus Hopfenbeck, S. 410)

Alle diese Managementaufgaben müssen auch von Managern aus Organisationen des Dritten Sektors erfüllt werden, sie gelten auch für die Arbeit von NPOs.

2.2 Was ist der Dritte Sektor?

Obwohl es diesen Bereich zwischen Staat und Wirtschaft schon seit Jahrzehnten gibt, hat die Forschung zum Dritten Sektor in Deutschland erst mit der Jahrtausendwende so richtig eingesetzt. Gemeinnützige Organisationen sind seit langen Zeiten ein wichtiger Bestandteil unserer Gesellschaft. Dritter Sektor und gemeinnützige Organisationen hängen miteinander zusammen, genauer: die gemeinnützigen Organisationen arbeiten im Dritten Sektor. In der Forschung hat sich die Erkenntnis durchgesetzt, dass die (zivil-)gesellschaftlichen und die sozialökonomischen Aspekte zusammen gehören. Der Begriff „Dritter Sektor" umfasst alle sowohl wirtschaftlich handelnden als auch nicht-wirtschaftlich handelnden Nonprofit-Organisationen. Darin enthalten ist auch die sog. „Soziale Ökonomie", also wirtschaftlich handelnde Organisationen wie Genossenschaften oder Wohlfahrtsorganisationen. Diese Organisationen können auch als „Soziale Unternehmungen" bezeichnet werden. „Entsprechend soll mit dem Begriff „Soziale Unternehmenskultur" die besondere Art und Weise des Wirtschaftens in Sozialen Unternehmungen, einschließlich ihres Umfeldes aus Fördereinrichtungen, intermediären Strukturen und Rahmenbedingungen erfasst werden" (*Birkhölzer, Kistler, Mutz,* 2004).

Definition Dritter Sektor

2.3 Unterschiede zwischen Profit- und Nonprofit-Organisationen

Die Organisationen des Dritten Sektors unterscheiden sich von Wirtschaftsorganisationen. „Es handelt sich um privatrechtlich verfasste Wirtschaftsunternehmungen zur Realisierung sozialer und/oder gemeinwesenbezogener Zielsetzungen" (a.a.O.). Sie gehören nicht zum Staats- und Verwaltungsapparat (von dem sie oft Aufträge erhalten und in dessen Namen sie oft handeln) und sie sind auch keine privatwirtschaftlichen, auf Gewinn und starke Marktkonkurrenz orientierte Wirtschaftsunternehmen (auch wenn sie auf dem Markt agieren und auch in Konkurrenz stehen). NPOs werden in der Regel von Privatpersonen getragen. Sie sind als Verein, Stiftung, Genossenschaft oder gemeinnützige GmbH konstituiert. „Sie entstehen aus Formen der Selbstorganisation bzw. Selbsthilfe von Bürgern, die sich von Risiken in der sozialen, ökologischen und wirtschaftlichen Situation und/oder Mängeln in der Versorgung mit Gütern und Dienstleistungen betroffen fühlen" (a.a.O.). Ihr Auftrag ist die Erbringung von spezifischen Leistungen zur Deckung eines bestimmten Bedarfs von abgrenzbaren Leistungsempfängern – also unterliegt ihr Wirtschaften einer eher bedarfswirtschaftlichen denn erwerbswirtschaftlichen Orientierung. In der Regel dürfen zwar in gewissem Umfang Gelder erwirtschaftet und Rücklagen gebildet werden. Nicht möglich ist aber eine private Gewinnausschüttung, sondern diese Gelder müssen für gemeinnützige Zwecke entsprechend der Gesetze und Organisationssatzungen re- investiert und ausgegeben werden – es folgt „dem Prinzip des „not-for-private-profit-distributing" (a.a.O). Es werden üblicherweise Mitglieder mit Dienstleistungen betreut oder an Dritte werden Leistungen wie Hilfe, Unterstützung und Förderung gegeben. „Das unternehmerische Handeln geht von einer gemeinschaftlichen, kollektiven oder kooperativen Basis aus" (a.a.O.). Dies geschieht auf der Grundlage eines ethisch, religiös oder ideologisch begründeten Auftrages (der in der Satzung niedergelegt ist). Oft sollen auch die Interessen der Mitglieder gegenüber dem Staat, der Wirtschaft, der Gesellschaft vertreten werden.

Formen der Selbstorganisation

Keine private Gewinnausschüttung

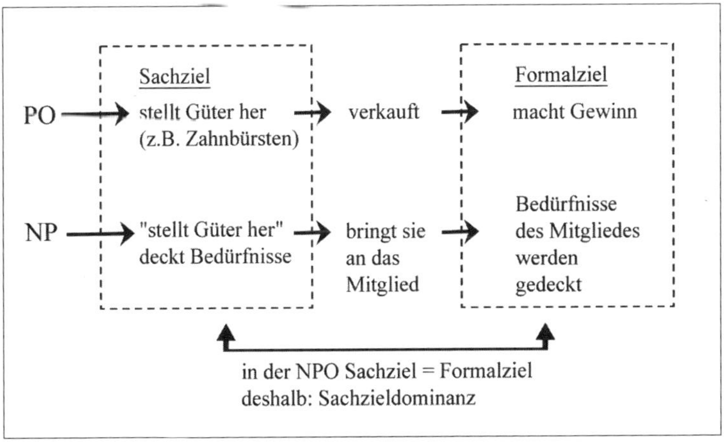

Abb. 13: Sachziel = Formalziel (aus: Perels, H.U. 1990)

Kennzeichnende Merkmale des Dritten Sektors:

Das freiwillige Engagement macht den Unterschied

- „Vorrang sozialer und/oder gemeinwesenbezogener Zielsetzungen, bürgerschaftliches unternehmerisches Engagement, gemeinwirtschaftliche Gewinnverwendung und kooperative Organisationsformen“ (a.a.O.). **Der besondere Unterschied ist aber: häufig arbeiten NPO mit Ehrenamtlichen oder freiwillig Engagierten.** Dieser Beitrag der freiwilligen und unbezahlten Arbeitsleistungen wird in Deutschland leider nicht erfasst, weder von Staats wegen noch von den Organisationen des Dritten Sektors. Dies, obwohl Freiwilligenarbeit in der „Sozialen Unternehmenskultur“ eine herausragende Rolle spielt. Allein die sozialen Wohlfahrtsorganisationen schätzen die Zahl der in ihrem Bereich freiwillig und ehrenamtlich engagierten Bürger auf ca. 2,5 bis 3 Millionen. Dies wäre das Zwei- bis Dreifache der im Wohlfahrtsbereich beschäftigen bezahlten hauptamtlichen Mitarbeiter. In anderen Bereichen des Dritten Sektors ist die Zahl der Freiwilligen noch höher, insgesamt sind derzeit in Deutschland ca. 23 Millionen Bürger freiwillig engagiert.
- Der Dritte Sektor hat eine hohe gesellschaftliche Bedeutung. Diese hohe Bedeutung wird leider in der Politik, Wirtschaft und in der Gesamtgesellschaft unterschätzt, dies liegt vor allem an der mangelnden Akzeptanz des Sektors. Oft wird nur das Klischee gesehen, eines „marginalen, am öffentlichen Tropf hängenden Sektors mit überzogenen Ansprüchen und ökonomischer Inkompetenz“ (a.a.O). „In der Realität sind Soziale Unternehmungen allerdings ökonomisch wesentlich stabiler als vergleichbare Klein- und Mittelbetriebe. Und was die Abhängigkeit von öffentlichen Mitteln betrifft, so wird gerne übersehen, dass Soziale Unternehmungen in hohem Maße unmittelbar öffentliche Aufgaben oder mittelbar im öffentlichen Interesse liegende Aufgaben erfüllen, wofür sie leider immer noch viel zu häufig nach dem Zuwendungsrecht anstatt über Leistungsverträge entlohnt werden. So ist z.B. noch niemand auf die Idee gekommen, ein Straßenbauunternehmen, welches von öffentlichen Aufträgen abhängig ist, als staatlich subventioniertes Unternehmen oder Einrichtung des Zweiten Arbeitsmarkts zu bezeichnen“ (a.a.O).

Bedeutung des 3. Sektors

Hier soll nur kurz auf **einige Bedeutungs- Aspekte des Dritten Sektors** hingewiesen werden:

- arbeitsmarkt- und beschäftigungspolitische Bedeutung – der Dritte Sektor ist gekennzeichnet durch einen stetige Beschäftigung. Außerdem ist er der Hauptträger der aktiven Arbeitsmarktpolitik. Hier gibt es viele Überschneidungen zwischen bezahlter und unbezahlter, freiwilliger Arbeit. Auch hat eine gewisse Anzahl von Erwerbsarbeitslosen erkannt, dass durch freiwilliges Engagement für sie Vieles möglich wird: eine Tagesstruktur, neue Kontakte, Qualifizierungsmöglichkeiten und nicht zuletzt können sie mit ihrem Engagement zeigen, dass sie für eine einzurichtende Stelle bezahlter Arbeit geeignet sind. Der Dritte Sektor birgt auch ein hohes weiteres Beschäftigungspotenzial. Gerade auch aus Initiativen von Ehrenamtlichen entstehen laufend neue bezahlte Arbeitsplätze. Dies zeigt historisch übrigens auch die Geschichte der Sozialarbeit, die weitestgehend im Ehrenamt wurzelt (*Müller*, 1992).

Beschäftigungspotenzial

- Gesellschaftspolitische Bedeutung: Die sozialen Projekte und Vorhaben von Organisationen im Dritten Sektor entstehen aus den unterschiedlich begründeten Interessen der Bürgerinnen und Bürger, bestimmte gesellschaftliche Situationen und Problemlagen zu verändern. Diese Interessen werden in den Vereinen und Projekten jeweils in den Satzungen und Leitbildern niedergeschrieben. Sie umfassen alle möglichen Inhalte, vorzugsweise geht es aber um die Integration von Menschen, die aus dem sozialen und kulturellen Gefüge der demokratisch-kapitalistischen Gesellschaft Deutschlands herauszufallen drohen. Hierfür entwickeln die Organisationen Strategien und konkrete, oft „marktgängige" Angebote, die integrativ wirken. Der Dritte Sektor trägt in hohem Maße dazu bei, dass sozial- kulturell integrativ wirkende Leistungen für bedürftige Bevölkerungsgruppen angeboten werden und dass damit das Sozialstaatsgebot des Grundgesetzes erfüllt wird.

Integrationswirkung

- Bildungspolitische Bedeutung: Fallstudien belegen, dass „Soziale Unternehmungen einerseits in höherem Maß als andere von der Motivation, der Kompetenz und dem Engagement ihrer Mitarbeiter abhängig sind. Andererseits wird von den Mitarbeitern in Sozialen Unternehmungen besonders der Erwerb sozialer Kompetenz hervorgehoben, bedingt durch ein höheres Maß an innerbetrieblicher Partizipation und einer flexibleren Arbeitsorganisation mit mehr Gruppenarbeit und Tätigkeitswechsel" (a.a.O) So sind bspw.

Kompetenz Entwicklung

bestimmte Gruppen freiwillig Engagierter aus einem gewissen Bildungsinteresse ehrenamtlich tätig. Dazu zählen Jugendliche sowie Frauen nach der Familienphase, die sich beruflich orientieren und in bestimmten Tätigkeiten ausprobieren sowie weiter qualifizieren wollen.

2.4 Entwicklungsperspektiven des Dritten Sektors

Der Dritte Sektor hat aktuell unterschiedliche Entwicklungsperspektiven. Diese werden derzeit auch von vielen Organisationen im Dritten Sektor verfolgt. Einer groben Einteilung folgend kann man drei Tendenzen feststellen.

Entwicklungstendenz Selbstzufriedenheit

Erstens: die NPO ist einigermaßen zufrieden mit sich und bleibt so wie sie ist. Diesen Weg wählen die Mehrzahl der Vereine in Deutschland, vielleicht ergänzt durch die Fragen: wie kommen wir an mehr Geld für unsere Arbeit? Und: wie kommen wir an neue, jüngere Ehrenamtliche? Damit verpassen diese NPO die bestehenden Möglichkeiten, sich lernend zu entwickeln und sich der ständig und auch immer schneller ändernden Umwelt anzupassen. Und natürlich finden sich auf die o.g. Fragen auch kaum nachhaltige Antworten. Denn nötig wäre eine Organisationsentwicklung mit erweiterten Leitbildern und neu definierten Aufgabensetzungen sowie die Recherche nach neuen Produkten und einer erneuerten Integration des bürgerschaftlichen Engagements.

Entwicklungstendenz GmbHisierung

Zweitens: insbesondere die großen Wohlfahrtsverbände gehen den Weg der „GmbHisierung". Sie stärken ihre Marktorientierung und ihre Konkurrenzfähigkeit, setzen auf wirtschaftliche Effizienz und werden damit immer weniger unterscheidbar von erwerbswirtschaftlichen Konkurrenzunternehmen auf dem Markt. Hier ergeben sich große Veränderungen in der Organisationskultur. Insbesondere kommen die Vorstellungen der Idealvereine, die in der Satzung beschrieben werden, unter die wirtschafts- effizienten Räder. Oft verstehen die Vereinsmitglieder nicht so richtig, in welche Richtung sich eine (frühere, jetzt wirtschaftlich selbständige) Einrichtung des Vereins entwickelt, warum auf einmal nur noch über Wirtschaftlichkeit geredet wird und andere Orientierungen kaum noch verfolgt werden. Es findet eine Trennung von Ideal-Verein und wirtschaftlich orientierter Einrichtung statt. Die ehrenamtlichen Vorstände empfinden sich oft als in wirtschaftlichen Zwängen steckend, die ehrenamtlich

Aktiven denken darüber nach, ob sie nicht vielleicht doch bezahlt werden sollten für ihre Tätigkeiten und die Vereinsmitglieder verstehen oft die ganze Entwicklung nur teilweise. Diese Entwicklung finden wir derzeit bei allen großen Verbänden und sie wird als Tendenz noch weiter anhalten. Das größte Problem dabei ist die mangelnde Integration des bürgerschaftlichen Engagements in diese Entwicklung – denn die freiwillige Arbeit ist DAS Unterscheidungsmerkmal der Verbände und deren Einrichtungen im Vergleich mit Wirtschaftsunternehmen.

Entwicklungstendenz selbstbewusste Re-Politisierung

Eine *dritte* Perspektive wäre die einer selbstbewussten Re-Politisierung der NPO und des Dritten Sektors. Sich der eignen gesellschaftlichen Bedeutung bewusst zu werden und sich als Soziales Unternehmen mit einer zwar marktorientierten, aber nicht an der unbedingten Profitmaximierung interessierten Ausrichtung zu verstehen – dies eröffnet neue Möglichkeiten. Die Dritte Sektor Organisationen könnten in den aktuellen Reformdiskussionen darauf verweisen, dass ihnen jenseits kurzfristiger Effizienzdenkweise ein wichtiger Stellenwert als Infrastruktur für die Zivilgesellschaft zukommt. Sie sind nicht nur subsidiäre Fördermittelempfänger, sondern politische Mitgestalter der gesamten Gesellschaft. Ein solches Selbstbewusstsein würde neue Möglichkeiten zur „Selbstorganisation, Interessenartikulation, Partizipation und Integration" neu aktivieren. „Dritte-Sektor-Organisationen müssen sich ihrer Verantwortung als lokal organisierte Solidargemeinschaften, die in der Lage sind, zwischen der Lebenswelt und den individuellen Bedürfnissen des Einzelnen und den sozialpolitischen Zielen des Staates zu vermitteln, stärker bewusst werden. Bei der Erhöhung ihres Stellenwerts in der Gesellschaft sind das Setzen auf die Ressource Solidarität, ein geringeres Maß an Amtlichkeit, weniger Bürokratie und mehr Flexibilität als bei staatlichen Verwaltungen und Behörden als Vorzüge ebenso zu betonen wie die Gemeinwohlorientierung und die Ausrichtung des Organisationszwecks an ideellen Zielen" (*Zimmer, Priller,* 2007) Mit einer solchen Ausrichtung können die zivilgesellschaftlichen Potenziale angeregt und für die NPO nutzbar gemacht werden. Dies bedeutet auch eine Orientierung auf ein Management, das die Bedingungen und Möglichkeiten des aktuellen Bürgerengagements aufnimmt. Diese Tendenz nimmt die Herausforderungen des Freiwilligen-Managements an. Zusätzlich werden weitere und neue Kooperationen entwickelt werden müssen, neue Netzwerke und die Zusammenarbeit mit Engagierten aus der

Bürgergesellschaft mit feinen Abstimmungen sind hier gefordert. Staatliche Reformpolitik sollte die Potenziale des Dritten Sektors mitdenken und fördern – erste Schritte dazu sind gemacht mit dem „Gesetz zur weiteren Stärkung des bürgerschaftlichen Engagements“ von 2007. Hier wurde z.B. eine Vereinheitlichung des Gemeinnützigkeits- und Spendenrechts verabschiedet. Andere Gesetzesvorhaben bspw. im Pflegebereich beziehen das freiwillige Engagement der Bürger von vorneherein mit ein.

2.5 Einführung in das Strategische Freiwilligen-Management

Freiwilligen-Management ist (noch) kein Thema! Erstaunlicher Weise ist diese Situation, obwohl sie seit Gründung der Bundesrepublik besteht, von den Managementwissenschaften kaum aufgegriffen worden. So gibt es kaum Forschung zu diesem Managementspektrum und dem Verfasser ist genau ein Managementmodell bekannt, das die Freiwilligenarbeit in das Management bezahlter Arbeit (in NPOs) modellhaft mit einbezieht. Es handelt sich dabei um das „Freiburger Management-Modell für Nonprofit-Organisationen“ der Universität Freiburg, Schweiz. Ein weiterer negativer Aspekte dieser „Nichtbeschäftigung“ mit der Freiwilligenarbeit ist, dass das Management der Freiwilligen in der Regel in den Organisationen einfach vergessen wird. Auch wird künftigen bezahlten wie unbezahlten Führungskräften von NPOs nur sehr selten ein Grundwissen in Freiwilligen-Management vermittelt. Offensichtlich herrscht immer noch die Denkart vor: „Ehrenamtliche hatten wir doch immer schon und die haben bei uns einfach mitgemacht und wir haben immer alles vor Ort geregelt“. So findet sich oft ein partielles Beschäftigen mit Problemen, die in der Freiwilligenarbeit entstehen, bspw. im Bereich der Kooperation von Haupt- und Ehrenamtlichen. Dies ist natürlich kein Freiwilligen-Management, sondern ein problembezogenes Agieren ohne sinnvolle Zielsetzung und Aufgabenstellung. Aber während für die hauptamtliche Arbeit in der Regel in NPO und deren Einrichtungen ein Managementsystem besteht, fehlt ein solches für die Freiwilligen.

Freiwilligen-Management berührt drei grundlegende Managementbereiche von NPO:

Freiwilligen-Management – ein Querschnittsthema

1. den Systembereich – also den Bereich des Organisationsaufbaus, der grundlegenden Ablauforganisation, des Qualitätsmanagements, der Willensbildung, der Politik der NPO, der Führung und des Managements.
2. den des Marketing-Managements – also den Bereich der Positionierung der Organisation/Einrichtung auf dem „Markt“ und im Dritten Sektor, des Marketingskonzepts und dessen Umsetzung. Dazu gehören auch die Öffentlichkeitsarbeit und die Werbung.
3. den des Ressourcen-Managements – also den Bereich der Mitglieder, der Mitarbeitenden, der Qualifizierung, des Wissensmanagements und des Personalwesens. Ebenso dazu gehören auch die Mittelbeschaffung, das Fundraising von Spenden und das Sponsoring.

Alle diese Bereiche werden wesentlich von Freiwilligen und Ehrenamtlichen – in der Regel neben Hauptamtlichen – beeinflusst, gestaltet und umgesetzt. Wir sehen also, dass die Freiwilligkeit die NPO durchdringt. Sie ist eines der wesentlichen Merkmale von NPO. Deshalb muss das Freiwilligen-Management in allen Bereichen von NPO mitgedacht und strategisch weiterentwickelt werden.

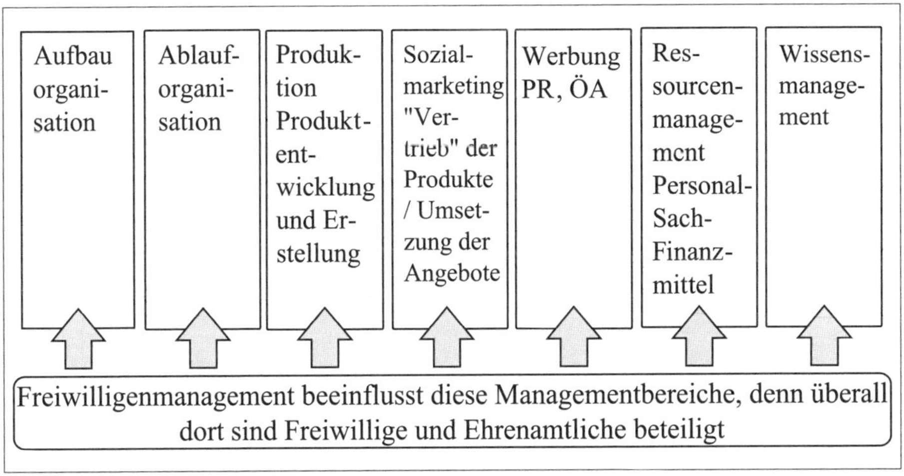

Abb. 14: Bereiche des Freiwilligenmanagements in NPO (Th. Kegel, AfED, Berlin 2009)

Für Vereine, Verbände und Einrichtungen, die das freiwillige Engagement der Bürger als Freiwilligenarbeit nutzen wollen, gewinnt die systematisch aufgebaute und strukturiert organisierte Einbindung in den gesamten Stamm der Mitarbeiter der Organisation einen immer höheren Stellenwert. Dies wird durch ein qualifiziertes Freiwilligen-Management ermöglicht.

2.5.1 Definition Strategisches Freiwilligen-Management

Definition Freiwilligen-Management

Wir verstehen unter Freiwilligen-Management die Planung, Organisation, Koordination und Aus- und Bewertung von freiwilligem Engagement bzw. von Freiwilligenarbeit in einer Organisation.

Sobald Freiwillige und Ehrenamtliche in einer gewissen Anzahl an der Umsetzung von Zielen einer Organisation beteiligt sind, ergeben sich unweigerlich viele organisatorische Anforderungen, die eine Entwicklung von nachhaltig förderlichen Rahmenbedingungen für die Freiwilligenarbeit erforderlich machen. Hier sei nur hingewiesen auf einige dieser Anforderungen.

Management-anforderungen

- Abgrenzung der Freiwilligenarbeit von der Arbeit angestellter Mitarbeiter/innen hinsichtlich der Aufgabenbereiche, Verantwortungsbereiche, Rechte und Pflichten …
- Kooperation zwischen Haupt- und Ehrenamtlichen oder Freiwilligen
- Unterstützungssysteme und Unterstützungsangebote für die Freiwilligen
- Anerkennungskultur
- Qualifizierungsangebote und -möglichkeiten für die Freiwilligen
- Evaluation der Qualität der Freiwilligenarbeit.

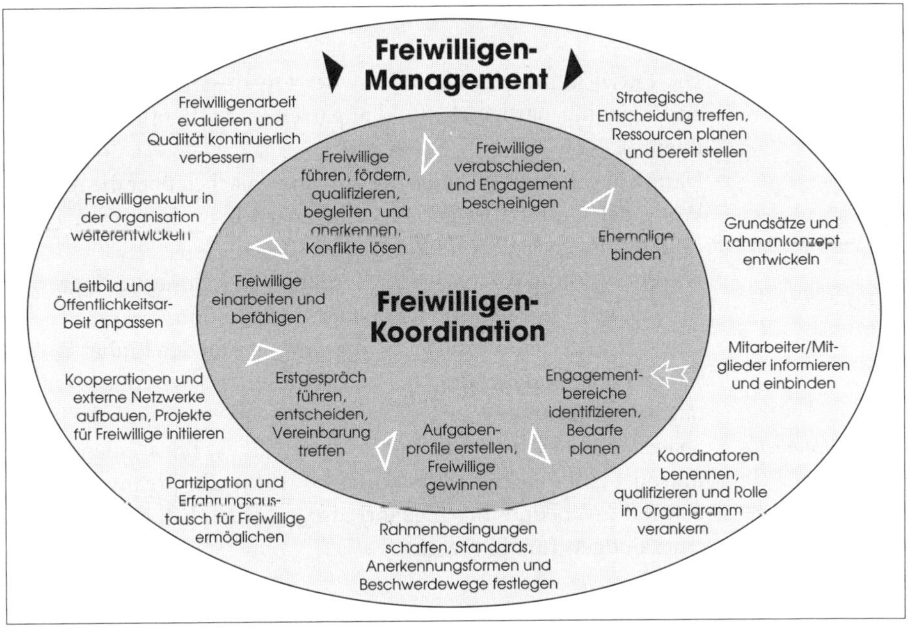

Abb. 15: Einführung von Freiwilligenmanagement – Freiwilligenkoordination (Reifenhäuser, O. und Kegel, Th., Beratergruppe ehrenamt, Berlin 2011

Nehmen wir wieder unsere Managementdefinition von oben auf (eine zielorientierte Gestaltung, Steuerung und Entwicklung des Systems Organisation in sach- und personenbezogener Dimension (nach Hopfenbeck, 1991) und verbinden diese Zielorientierung mit den pragmatischen Anforderungen der Freiwilligenarbeit, so wird deutlich, warum wir von Strategischem Freiwilligen-Management sprechen. Strategisches Management bedeutet hier: die Ausrichtung der Organisation an übergeordneten, oberen Zielen und Zielvoraussetzungen zu orientieren – vor allem am Ziel der nachhaltigen Förderung des freiwilligen, bürgerschaftlichen Engagements in der und durch die Organisation. In der Praxis verlangt diese strategische Orientierung von der Organisation eine Organisationsentwicklung aus dem Aspekt der Förderung der Freiwilligenarbeit begründet. In die Alltagspraxis übersetzt bringt dies mit sich: (siehe Abb. 15)

Strategisches Freiwilligen-Management

- Eine Entscheidung des Vorstands und der Organisations-/Geschäftsleitung pro Freiwilligenengagement (strat. Entscheidung treffen, Ressourcen planen …).

- Eine Unterstützung durch das gesamte Management der Organisation.
- Die Entwicklung eines Leitbildes der Organisation mit Aussagen zur Freiwilligenarbeit (Leitbild anpassen und Öffentlichkeit informieren).
- Daraus abgeleitete Leitlinien die Vorgaben machen über die Art und Weise der Umsetzung der Freiwilligenarbeit in der Organisation (Standards, Vorlagen und Routinen festlegen).
- Die Entwicklung von nachhaltig förderlichen Rahmenbedingungen für das freiwillige Engagement in der Organisation.
- Qualitätskriterien für die Freiwilligenarbeit und den Einbezug derselben in ein bestehendes oder zu entwickelndes System des Qualitätsmanagements.

Freiwilligenarbeit kostet!

- Spätestens hier wird deutlich, dass es freiwilliges Engagement weder umsonst gibt – noch dass es kostenlos ist für die Organisation. Zu den Rahmenbedingungen gehört also auf jeden Fall das Vorhalten eines Budgets fürs Ehrenamt.

2.5.2 Organisationsentwicklung für eine Freiwilligenkultur

NPO stehen vor der Aufgabe sich für Engagementinteressierte zu öffnen. Diese Forderung nach Entwicklung wurde von der Bundestagsenquetekommission zur „Zukunft des Bürgerschaftlichen Engagements“ unterstützt: „Bürgerschaftliches Engagement sollte ein systematischer Bestandteil der Organisationsentwicklung werden. Bei der Modernisierung von Organisationsstrukturen und insgesamt bei der Organisationsentwicklung sind vermehrt Möglichkeiten der Partizipation zu schaffen und kooperative Organisations- und Führungsstrukturen zu etablieren. Im Kern geht es mit einer Profilierung der Organisationen als Akteure der Bürgergesellschaft um eine Öffnung der Organisationen nach innen und nach außen. Die innerorganisatorische Öffnung betrifft insbesondere die Aufnahme des bürgerschaftlichen Engagements in das Leitbild und in die fachliche Konzeption der Organisation. Dabei geht es um die kooperative Zusammenarbeit von bürgerschaftlich Engagierten und Hauptamtlichen ebenso wie um die verstärkte Partizipation und Beteiligung der Engagierten an Organisationsabläufen und Entscheidungen, die ihr Engagement betreffen.“ (Enquetekommission Zukunft des bürgerschaftlichen Engagements 2002: 19).

2.5.3 Was ist Organisationsentwicklung in Bezug auf das Freiwilligen-Management?

Organisationsentwicklung ist ein strategisches Vorgehen auf unterschiedlichen Ebenen einer Organisation und beschäftigt sich damit, „Organisationen als soziale Systeme durch geplante, systematische und anhaltende Bemühungen zu verbessern, die sich auf die Kultur der Organisation mit ihren menschlichen und sozialen Prozessen konzentrieren. Die Ziele der OE sind es, die Organisation wirksamer und lebensfähiger zu machen und es ihr zu ermöglichen, die Ziele sowohl der ganzen Organisation als auch ihrer einzelnen Mitglieder zu erreichen.“ (*French, Bell,* S. 8) Organisationsentwicklung bezeichnet also einen Veränderungsprozess und setzt dabei an den Strukturen und der vorfindlichen Kultur der Organisation an. „Die Kultur einer Organisation ist das vorherrschende Muster von empfohlenen und vorgeschriebenen Verhaltensweisen, das System der Ansichten und Werte, die Technologie und Aufgabe der Organisation zusammen mit den akzeptierten Auffassungen darüber. Die Kultur einer Organisation hat einen starken Einfluss auf das Verhalten der einzelnen. Wenn die Kultur ein Verhalten unterstützt, das der Zielerreichung der Organisation förderlich ist, so wird das Ergebnis wahrscheinlich eine wirksame Organisation sein; wenn die Kultur dagegen ein Verhalten fördert, das dem Ziel entgegenwirkt, so wird die Organisation wahrscheinlich wenig leistungsfähig sein.

Außerdem kann die Kultur einer Organisation die Entfaltung menschlicher Werte im positiven wie im negativen Sinne beeinflussen. Unter menschlichen Werten verstehen wir die Ziele und Bestrebungen der einzelnen in ihrer Rolle als Mitglieder der Organisation. Die folgenden menschlichen Werte sind heute von Bedeutung: das Bestreben, einen sinnvollen Beitrag an die Organisation zu leisten; menschliche Beziehungen zufriedenstellend zu gestalten; Verantwortung zu übernehmen; Anerkennung und Belohnung zu erfahren und die Möglichkeit persönlicher Weiterentwicklung.“ (*French, Bell,* S. 7) Gerade wenn eine Organisation mit Freiwilligen arbeitet oder dies entwickeln will, ist die Entwicklung einer entsprechenden Kultur eine wichtige Frage. Denn besonders die Freiwilligen fragen nach dem Sinn ihrer Freiwilligenarbeit, sie möchten gute Kontakte und Beziehungen zu anderen (freiwilligen und hauptamtlichen) Mitarbeiterinnen und Mitarbeiter einer Organisation, sind interessiert an der Übernahme von Verantwortung, suchen nach Anerkennung und persönlicher Entwicklung.

OE der Freiwilligenarbeit

Organisationsentwicklung bezogen auf das Freiwilligen-Management will förderliche Rahmen- und Strukturbedingungen für das freiwillige Engagement in der Organisation entwickeln. Es sollen also die Strukturen und die Kultur der Organisation im Arbeitsalltag so verändert werden, dass freiwilliges Engagement ermöglicht und unterstützt und nicht behindert wird.

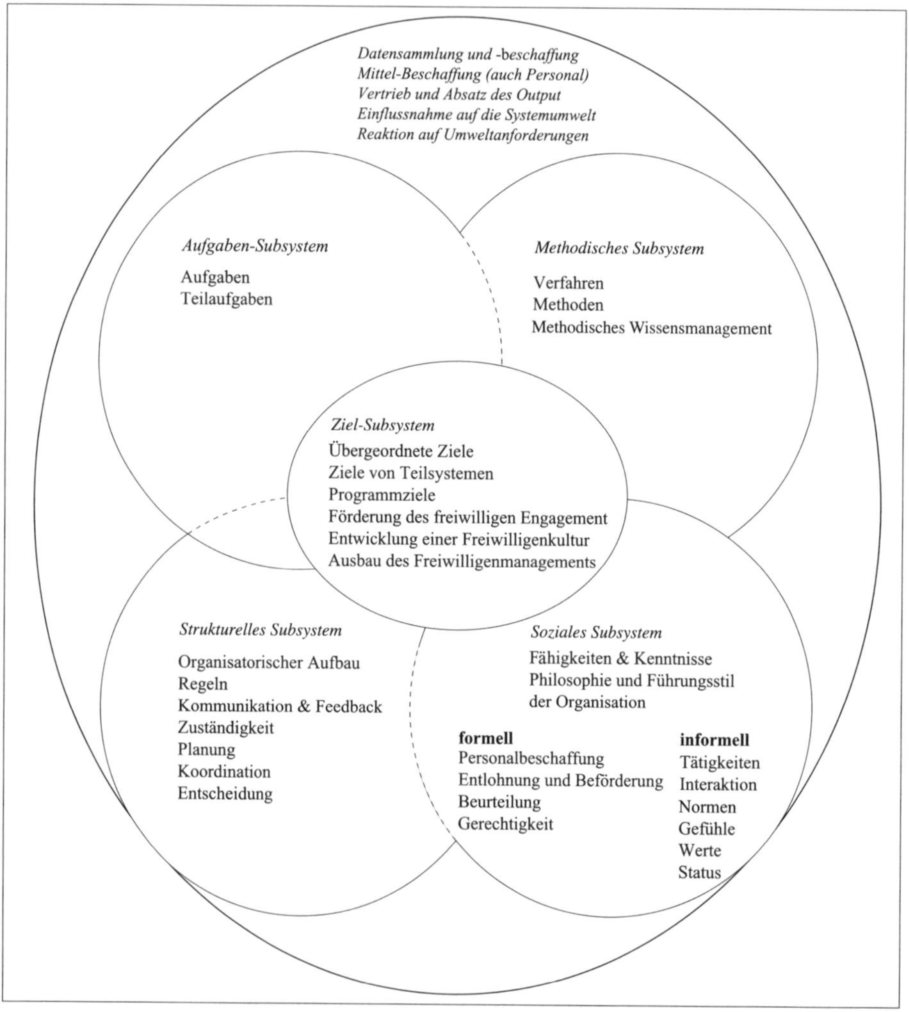

Abb. 16: Organisationsentwicklung und Freiwilligenmanagement (nach French/Bell, erweitert von Th. Kegel, AfED, Berlin 2009)

2.5.4 Ziele und Aufgaben der Organisationsentwicklung in Bezug auf das Freiwilligen-Management

Organisationsentwicklung hat mehrere Ziele:
eine die Organisation durchdringende Freiwilligenkultur aufbauen, die Organisation als Trägerorganisation von freiwilligem, bürgerschaftlichem Engagement kenntlich zu machen und ein Freiwilligen-Management zur Unterstützung der freiwillig Engagierten und deren Kooperation mit den beruflichen Mitarbeitern einzurichten.

Organisationsentwicklung bearbeitet folgende Aufgaben:
- Leitbild um Aspekte der Freiwilligenarbeit ergänzen,
- Leitsätze zur konkreten Umsetzung der Freiwilligenarbeit und zur Kooperation mit Hauptamtlichen erstellen,
- Abgrenzung der Freiwilligenarbeit von der Arbeit angestellter Mitarbeiter hinsichtlich der Aufgabenbereiche, Verantwortungsbereiche, Rechte und Pflichten,
- Kooperationsmöglichkeiten zwischen Haupt- und Ehrenamtlichen oder Freiwilligen,
- Unterstützungssysteme und Qualifizierungsangebote für die Freiwilligen,
- Anerkennungskultur, Evaluation der Qualität der Freiwilligenarbeit.

Kommunikation, Werte

Organisationsentwicklung arbeitet bezogen auf die Arbeitsorganisation (technische und personelle Ausstattung, Art/Qualität und Erstellung der Dienstleistung, Außen- sowie Innenanforderungen); Kommunikation (Gratifikationen, Loben, Kritik, Führungsstile, formale und informelle Kommunikationsstrukturen); Werte (der Organisation wie der Mitarbeiter/innen); Normen; Rollen …

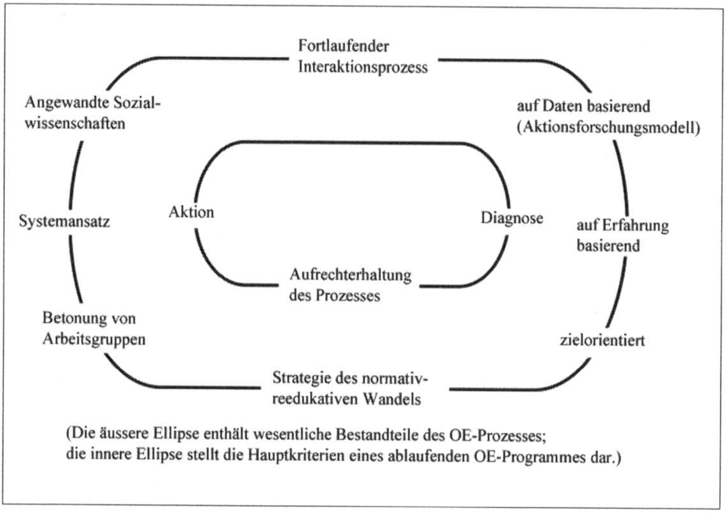

Abb. 17: Bestandteile des OE-Prozesses (nach Bell, French, 1994)

2.5.5 Instrumente der Organisationsentwicklung in Bezug auf das Freiwilligen-Management

Steuerungsgruppe

Es ist sinnvoll, für eine solche Organisationsentwicklung eine Steuerungsgruppe einzusetzen, die sich um die Einhaltung eines Zeitrahmens kümmert, die eine Steuerung und Ergebnissichtung vornimmt und die eine Umsetzungsbegleitung der Entwicklungsarbeit versieht. Die obengenannten Entwicklungsaufgaben werden in Arbeitsgruppen erarbeitet und in der Organisation zur Diskussion gestellt. Es sollten möglichst viele Mitarbeiter in den Entwicklungsprozess einbezogen werden. Dabei ist es wichtig, auch unterschiedliche Hierarchie- und Entscheidungsebenen in den Arbeitsgruppen zu versammeln. Falls bereits Freiwillige und Ehrenamtliche in der Organisation mitarbeiten, müssen diese ebenfalls in die Entwicklungsarbeit einbezogen werden.

alle Mitarbeitenden einbeziehen

2.6 Die Aufgaben des Freiwilligen-Managements
(ein Überblick)

Das Prozess- Modell des Freiwilligen-Managements*

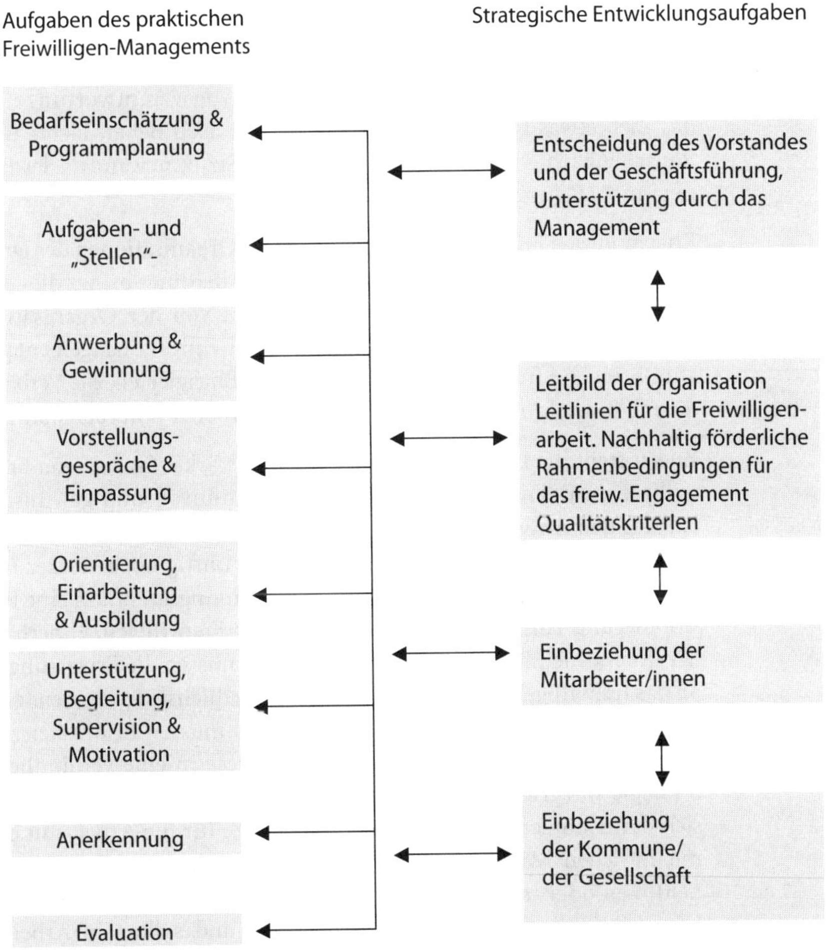

© als Schaubild „Der Prozess des Freiwilligenmanagements in England" erstmals erstellt und veröffentlicht von Christiane Biedermann, Berlin 1998 nach Mc Curley& Lynch (1994), weiterentwickelt von Kegel, Schaaf-Derichs, Weigl, Berlin 2003 Arbeitsmaterial im Ausbildungsgang Strategisches Freiwilligen-Management der AfED

Abb. 18: Der Prozess des Freiwilligen-Managements

2.6.1 Bedarfseinschätzung an freiwilligen Mitarbeitern und Programmentwicklung der Freiwilligenarbeit in der Organisation

Teilhabe, Anerkennung, Verantwortung

Engagementinteressierten geht es darum, dass ihr freiwilliges Engagement Spaß machen soll, es soll Sinn stiften, aktive Teilhabe in der Bürgerschaft ist wichtig geworden, die Anerkennung der Aktivität spielt eine Rolle, das Ausprobieren von Fähigkeiten, die bspw. im Beruf nicht gefordert werden, die Übernahme von Verantwortung und das Ziel, etwas Nützliches zu tun. Das ist – nach Beher, Liebig und Rauschenbach – die „subjektive“ Seite des „Strukturwandels des Ehrenamts“ (*Beher et al.* 2000: 15).

Eine moderne Engagementförderung in den Organisationen des Dritten Sektors muss diese Motive anerkennen. Allerdings bringt dies mit sich, dass damit das freiwillige Engagement von der Organisation sorgfältig vorbereitet werden muss, damit freiwilliges Engagement gewinnbringend für alle Beteiligten – also die Engagierten, die Verbände und Einrichtungen, die angestellten Mitarbeiter – werden kann.

Warum nur Freiwilligenarbeit?

Zuerst steht die Entscheidung an, ob der verstärkte Einsatz von Freiwilligen in definierten Engagementfeldern sinnvoll und gewünscht ist. Aus den Antworten auf die Frage „Warum arbeiten Freiwillige in unserem Verband bzw. warum wollen wir künftig noch stärker mit Freiwilligen arbeiten?“ ergibt sich für das Planungsgremium eine Positionierung zum künftigen Stellenwert der Freiwilligen. Innerhalb der unterschiedlichen Organisationsebenen müssen die Erwartungen an das freiwillige Engagement und unterschiedlichste Interessen (z.B. die der Hauptamtlichen) geklärt werden. Es müssen Prioritäten gesetzt, Vorhaben und Ziele festgelegt und diese in eine verbindliche Strategie integriert werden. Die dann folgende Planungsphase lässt sich dafür nutzen, um so genannte „Leitsätze für die Arbeit mit ehrenamtlichen Mitarbeitern, mit Freiwilligen“ zu entwickeln. Diese Leitlinien oder -sätze dienen als Arbeitsgrundlage für die praktische Umsetzung des Freiwilligen-Managements und sollten in Arbeitsgruppen, Teambesprechungen, Mitgliederversammlungen und anderen Gremien der Organisation/Einrichtung diskutiert und weiterentwickelt werden.

Engagementförderung kostet...

Als Merksatz gilt: „Freiwilliges Engagement ist weder umsonst noch kostenlos!" Wenn Organisationen ihren Bedarf an Freiwilligenarbeit einschätzen, bringt dies die Aufgabe mit sich, auch adäquate Rahmenbedingungen für Freiwillige bereitzustellen. Es müssen unbedingt personelle und finanzielle Ressourcen in die Planung einbezogen werden. So muss beispielsweise Hauptamtlichen ein größerer zeitlicher Aufwand für die Anleitung, Einarbeitung und Begleitung von Freiwilligen eingeräumt werden, es muss die Finanzierung einer Stelle für die Freiwilligen-Koordinatorin, den -Koordinator oder -Manager bzw. -Managerin (Kegel 2001a) gesichert werden und es müssen Kosten für evtl. Auslagenersatz, Fahrgeld, Versicherungsschutz, Aus- und Fortbildung und die Anerkennung der Freiwilligen eingeplant werden.

Ressourcen

Weder umsonst, noch kostenlos

2.6.2 Aufgabenentwicklung für die Freiwilligenarbeit

Entsprechend der Ziele und Aufgaben des Verbandes müssen Aufgabenbereiche für Freiwillige entwickelt werden, die für die Organisation nützlich und zugleich attraktiv für Freiwillige sind, ohne dass sie mit den Aufgaben der Hauptamtlichen kollidieren. Es ist hierfür hilfreich, bei den bereits aktiven Freiwilligen und den Hauptamtlichen nachzufragen, welche Aktivitäten Hauptamtliche und aktive Ehrenamtliche entlasten und ergänzen könnten oder welche Aufgaben bisher nicht umzusetzen waren. Manchmal fehlt es z.B. an Kontakten zur regionalen „Freiwilligenszene" oder zu Freiwilligenagenturen. Oder aber es fehlt an Personen, die den Bürgermeister ansprechen können oder an Kontakten zur örtlichen Wirtschaft, um Spenden einzuwerben. Diese Kontakte könnten dann von entsprechenden freiwilligen Netzwerkern, evtl. sogar von mehr oder weniger bekannten (Lokalprominenz) Fürsprechern übernommen werden. Häufig geht es aber darum, einen ganz neuen Aufgabenbereich zu entwickeln, ein neues Projekt aufzubauen, so genannte „freiwillige Pionierarbeit" (dies ist der Einsatz von Freiwilligen in gänzlich neuen Engagementfeldern) zu leisten oder vorhandene Aktionsfelder einfach zu erweitern.

Aufgaben für Freiwillige profilieren

An einmalige, zeitlich begrenzte Engagementmöglichkeiten muss dabei ebenso gedacht werden, wie an eine über einen längeren Zeitraum projektierte Mitarbeit. Beispielsweise eignen sich für regelmäßige Patenschaften von Familien oder für die Begleitung von Jugendlichen in Zeiten des Übergangs von der Schule in den Beruf durch Mentoren nur Freiwillige, die zuverlässig längerfristig zu den vereinbarten Zeiten diese Patenschaften oder Mentorate übernehmen. Freiwillige, die nur gelegentlich Zeit haben, können sich in für diese begrenzten Zeitbudgets komponierten Engagementmöglichkeiten einbringen.

Bedroht freiwilliges Engagement bezahlte hauptamtliche Arbeit?

Angst um den Arbeitsplatz ernst nehmen

Viele Angestellte in den Organisationen des Dritten Sektors fühlen sich durch Freiwillige bedroht. Sie haben schlicht Angst um ihren Arbeitsplatz und davor, dass sie durch Freiwillige ersetzt werden. Leider ist dies manchmal ein „Vorurteil“ in den Köpfen von unter Kostendruck stehenden Führungskräften. Aber freiwilliges Engagement ist nicht Kosten sparend und es benötigt dringend ein hauptamtliches Rückgrat. Unseren Erfahrungen nach sollten ab einer Anzahl von ca. 30 Freiwilligen mindestens anteilige hauptamtliche Funktionen für die Freiwilligenkoordination eingerichtet werden – das hängt aber auch von den Qualitätsansprüchen an die Arbeit der Freiwilligen ab. Wichtig ist auch, dass verstanden wird, dass freiwillig Engagierte nicht einfach wie bezahlt Arbeitende einzusetzen sind: es wird nur selten Freiwillige geben, die sich in einer Fünf- Tage- Woche und einem Acht-Stunden-Tag – mit Überstunden- engagieren wollen. Kosteneinsparungen werden nach wie vor der Grund für Entlassungen sein oder für Nichtwiederbesetzungen einer bezahlten Stelle. Dies liegt aber nicht am freiwilligen Engagement! Es ist aber für die Hauptamtlichen wichtig, dass Verbandsspitzen zu diesem Grundsatz Stellungnahmen abgeben. Engagementinteressierte werden im Übrigen vom Engagement Abstand nehmen, wenn sie davon erfahren, dass sie Hauptamtliche ersetzen sollen. Und Hauptamtliche werden sich in diesem Fall der Engagementförderung verweigern. Wir haben gute Erfahrungen damit gemacht, die Hauptamtlichen in die Erarbeitung von Arbeitsprofilen für die Freiwilligenarbeit mit einzubeziehen. Dadurch haben sie die Gewähr, konkret mitbestimmen zu können, welche Aufgaben ihre eigenen bleiben und welche an Freiwillige abgegeben werden.

In dieser Phase werden also möglichst konkrete „Stellenbeschreibungen" (Tätigkeitsprofile/Aufgabenbeschreibungen) für Freiwillige erarbeitet, die Aussagen über deren Einsatzort, die Art der Tätigkeit, die Absichten, Ziele und Anforderungen, den Zeitumfang, die Einsatzdauer sowie über Unterstützungsangebote und Anerkennungsformen für Freiwillige benennen (siehe Kapitel 3). Diese Stellenbeschreibungen geben auch Auskunft über Zuständigkeiten und Verantwortlichkeiten. Ergebnis dieser Arbeitsphase sollte eine Liste von Möglichkeiten für freiwillige Engagements sein (ein Engagement Katalog) – ergänzt durch Beschreibungen, wie die Arbeit zu tun ist. Mindestens sollten aber bereits bestehende Engagementbereiche kritisch überarbeitet werden mit dem Ziel, ihnen wieder neue Attraktivität zu verleihen.

Aufgabenbeschreibung für Freiwillige

2.6.3 Anwerbung und Gewinnung von Freiwilligen

Häufig wird von Organisationen die Frage gestellt: „Wie können wir Freiwillige gewinnen?" Aber Organisationen können erst dann erfolgreich in der Öffentlichkeit um Freiwillige werben, wenn intern die notwendigen inhaltlichen und organisatorischen Voraussetzungen für die Einbindung interessierter Freiwilliger geschaffen wurden.

Denn eine gut gemeinte „Werbekampagne" zur Werbung neuer Freiwilliger schlägt fehl, wenn in der Organisation keine Klarheit darüber besteht, was genau die Engagementinteressierten denn tun sollen. Einfach nur zum „mitmachen" einzuladen trifft niemals das Interesse möglicher Freiwilliger.

Abhängig davon, wer als Freiwillige oder Freiwilliger angesprochen und gewonnen werden soll, ist die Freiwilligen-Werbung über persönliche Kontakte, an Orten mit hohem Publikumsverkehr, mit Postkarten, Zeitungsannoncen, mittels Internet, über Freiwilligenagenturen oder mit anderen Werbemedien sinnvoll. Welche Art von Werbung betrieben wird hängt auch davon ab, welche (finanziellen) Möglichkeiten und welches Umfeld die Organisation vor Ort hat.

Werbemaßnahme

Wesentlich wichtiger ist es aber, eine überzeugende Botschaft für das Engagement zu entwickeln. Dazu sollten sich die Verantwortlichen zunächst fragen: „Warum macht es Sinn, warum macht es Spaß, sich bei uns im Verband, in der Einrichtung zu engagieren?" (Kegel 2001b) Die Antworten sollten einerseits den Gewinn, Nutzen und Sinn für

Gewinn, Nutzen, Sinn

die engagierten Freiwilligen aufzeigen und andererseits den Nutzen der Freiwilligenarbeit für die Organisation und für die angezielten Engagementinhalte benennen.

Sehr gut nutzbar für die Werbung von freiwillig Engagierten sind die vorhin angesprochenen „Stellen-“ und Aufgabenbeschreibungen. Diese können oft ohne größere Veränderungen in der Werbung eingesetzt werden – im Internet, als Aushänge, als Anzeigen in Zeitungen, etc.

2.6.4 Erstgespräche und „Passung“

Alle diese inhaltlichen und organisatorischen Vorbereitungen werden normalerweise in der Praxis belohnt: an einem freiwilligen Engagement interessierte Bürger fragen nach und zeigen sich für eine ehrenamtliche Mitarbeit interessiert. Dies bedeutet allerdings noch nicht, dass sie tatsächlich entschlossen sind, sich auch wirklich zu engagieren. Aber immerhin gibt dies die Chance, miteinander ins Gespräch zu kommen.

Zunächst werden Interessenten zu einem Treffen eingeladen. Diese Treffs können als Gruppengespräch, als Einzelgespräch oder als einladende Mitmachaktion gestaltet werden (siehe Kapitel 3).

Schnupper- und Probezeiten

In den letzten Jahren sind einige Organisationen dazu übergegangen, eine „Probezeit“ zu vereinbaren und sich mit den Freiwilligen über gegenseitige Rechte und Pflichten zu verständigen. Die Freiwilligen haben ein Recht auf Mitbestimmung und -gestaltung (mindestens in Fragen ihres direkten Aufgabenbereichs!) und auf die Förderung ihrer Fähigkeiten und Fertigkeiten durch Aus- und Fortbildung. Dies ist auch im Interesse der Organisation, denn nur so kann eine qualitativ hoch stehende Freiwilligenarbeit gesichert werden. Ebenso wichtig: das „Gehalt“, der „Lohn“ der Ehrenamtlichen und Freiwilligen ist die Anerkennung für ihr Engagement. Eine Aussage dazu nimmt den Wunsch der Engagierten nach Anerkennung ernst. Im Gegenzug sagen die Freiwilligen zu, die gemeinsam vereinbarten Aufgaben wahrzunehmen, zeitliche Absprachen einzuhalten, eine eventuelle Schweigepflicht zu wahren und bereitgestellte Ressourcen zu nutzen. Solche **Engagementvereinbarungen** oder Kontrakte werden immer öfter auch schriftlich geschlossen, vor allem dann, wenn die Organisation eine mit Kosten verbundene, für die Ehrenamtlichen aber kostenlose Ausbildung anbietet (z.B. Erste-Hilfe-Kurse, Beratungsausbildung o.ä.). Es ist aber

Engagementvereinbarungen

auch dies klarzustellen: Es geht nicht um eine Bürokratisierung von Ehrenamt und freiwilligem Engagement sondern um mehr Klarheit, Verbindlichkeit und gegenseitige Verantwortung. Nicht jedes Engagement benötigt eine schriftliche Engagementvereinbarung.

2.6.5 Orientierung, Einarbeitung, Aus- und Fortbildung der Freiwilligen

Einführung, Anleitung, Einarbeitung

Zu Beginn einer freiwilligen Mitarbeit stehen die Einführung, Anleitung und Einarbeitung der Freiwilligen in das jeweilige Engagementfeld. Dies unterstützt und befähigt die Freiwilligen, die vereinbarten Aufgaben gut zu erfüllen und ihr Engagement im größeren Zusammenhang der Organisation zu sehen. Es ist anzustreben, dass sich die Freiwilligen mit den Zielen der Organisation, in der sie arbeiten, identifizieren können.

Viele Freiwillige engagieren sich nicht allein deshalb, weil sie ihre Fähigkeiten und Fertigkeiten einbringen möchten, sondern oft auch um diese zu erweitern und um Neues zu erlernen. Besonders bei jungen Freiwilligen ist dies häufig der Fall. Spezielle Aus- und Fortbildungen sorgen zielgerichtet dafür, Freiwillige für eine kompetente Mitarbeit zu qualifizieren, sie in ihrem Engagement zu fördern und die Qualität der Freiwilligenarbeit und damit auch der Arbeit der Organisation insgesamt zu sichern.

Freiwilligen-Karriere

Die Organisation kann auch durch ein zu ihr passendes System von Aufstiegsmöglichkeiten eine „Freiwilligen-Karriere“ ermöglichen. Diese könnte von einer freiwilligen Mitarbeit an der Basis über die Leitung einer Gruppe von Freiwilligen oder als Verantwortliche für ein Spezialthema oder eine besondere Aufgabe bis hin zu einer ehrenamtlichen Vorstandsfunktion führen. Tatsächlich gibt es dies auch in vielen Freiwilligenorganisationen, viele „Verbandsfunktionäre“ sind diesen Weg gegangen. In der Regel wird dies aber nicht als geplanter Prozess gesehen und entsprechend genutzt. Es ist aber für die Organisationen des Dritten Sektors zunehmend wichtig, in eine solcherart gestaltete „Personalentwicklung“ auch die engagierten Freiwilligen einzubeziehen. Künftig werden hier – auf Grund der demografischen Entwicklung und der anhaltend hohen Erwerbsarbeitslosigkeit- die Augenmerke besonders auf „Ältere“, Frauen und auch Erwerbslose gerichtet sein müssen. Denn in diesen Gruppen finden sich viele kompetente und engagementbereite Menschen!

2.6.6 Unterstützung, Begleitung und Motivation der Freiwilligen

Austausch ermöglichen

Freiwillige Mitarbeiter wollen (wie auch Hauptamtliche) gut betreut werden. Formen der „Pflege“ (oder von sog. „human ressource management“) sind daher Unterstützung, Begleitung und Motivation. Besonders wichtig ist hier der möglichst regelmäßige Austausch zwischen den zuständigen Hauptamtlichen und den Freiwilligen und zwischen den Freiwilligen selbst. Aus Umfragen ist abzuleiten, dass regelmäßige Besprechungen (einzeln oder in Gruppen) zentrale Momente motivierender Begleitung sind. Sie bieten die Möglichkeit, sich zu informieren, einen eigenen Platz in der Organisationseinheit zu finden, oder die individuelle Freiwilligenkompetenz weiterzuentwickeln – indem die Mitarbeit ausgewertet, Raum für Anregungen und Kritik gegeben wird – sowie gemeinsam Veränderungen und neue Herausforderungen zu planen. In bestimmten Fällen könnte ein Coaching-Angebot sinnvoll sein – zum Beispiel für Freiwillige, die bestimmte Leitungsaufgaben haben. Manchmal wird aber an solchen Angeboten gespart – auch bei den Hauptamtlichen. Und es ist klar, dass Konflikte entstehen, wenn die Hauptamtlichen solche Angebote nicht bekommen – wohl aber die Ehrenamtlichen (oder umgekehrt).

2.6.7 Aufbau eines Anerkennungssystems für die Freiwilligen

Anerkennungs-Kultur

Anerkennung ist das „Gehalt“, die Belohnung für freiwillig Engagierte. Am unmittelbarsten wirkt Anerkennung durch ein gelungenes freiwilliges Engagement. Wird solch ein Erfolg auch gefeiert? Ist der Vorsitzende dann dabei und spricht anerkennende Worte? Diese in den zwischenmenschlichen Beziehungen stattfindende Anerkennung ist essentiell, aber nicht ausreichend. Es ist auch wichtig, sich an lokalen oder regionalen Veranstaltungen der Engagementförderung zu beteiligen – z.B. an den Veranstaltungen zum Internationalen Tag der Freiwilligen, der weltweit am 5. Dezember gefeiert wird. Und auf den allerorten stattfindenden „Märkten der Möglichkeiten“ sollte dringend nicht nur auf die konkrete soziale und soziokulturelle Arbeit der Verbände hingewiesen werden, sondern besonders darauf, dass diese von Freiwilligen getan wird!

Gewürdigt wird freiwilliges Engagement, wenn Freiwillige beispielsweise:

- in Entscheidungen einbezogen werden sowie deren Ideen und Meinungen gefragt sind;
- an Freiwilligen-Treffen teilnehmen können bzw. ein eigenes Forum haben, um ihren Interessen Ausdruck zu verleihen;
- Gemeinschaft erleben, z.B. durch gemeinsame Feste und Fahrten;
- Aus- und Fortbildung, Versicherungsschutz, Auslagenersatz, Fahrtkostenerstattung usw. erhalten;
- eine Geburtstagskarte erhalten, ein Preis ausgelobt wird, ihre Aktivitäten von den „Verbandsoberen" gesehen, anerkannt und in der Öffentlichkeit dargestellt werden und
- eine angemessene Verabschiedung erhalten, wenn sie die Mitarbeit im Verband beenden.

2.6.8 Qualitätssicherung und Evaluation des Freiwilligen-Managements

Qualitätssicherung und Evaluation hängen eng miteinander zusammen. Seit einiger Zeit finden beide auch Eingang in die Freiwilligenarbeit. Bei der Qualitätssicherung (QS) und Evaluation, also der Überprüfung und Aus- und Bewertung der Freiwilligenarbeit unter qualitativen Aspekten, handelt es sich nicht um die letzte Phase des Prozesses des Freiwilligen-Managements. QS und Evaluation sollten ein integrierter Bestandteil des Prozesses sein. Beide dienen dazu, sowohl quantitative Aussagen zu treffen, z.B. über die Zahl der Freiwilligen, den zeitlichen Umfang ihres Einsatzes, ihre Aufgabenfelder und die Anzahl von Arbeitseinsätzen. Aber auch qualitative Aussagen können darüber gemacht werden, wie Erwartungen der Freiwilligen erfüllt wurden, wie deren Beteiligungsprozesse gestaltet werden oder welchen äquivalenten Geldwert ihr freiwilliges Engagement hat.

Qualitat der Freiwilligenarbeit

Alle diese evaluierten Ergebnisse können und müssen für Werbung und Lobbyarbeit genutzt werden. Konkrete Zahlen und Fakten dienen hervorragend dazu, den hohen Stellenwert der Freiwilligenarbeit zu untermauern. Sie beweisen, was das bürgerschaftliche Engagement ganz konkret „bringt".

Wer soll ein solches System des Freiwilligen-Managements aufbauen?

Freiwilligen-Koordination als Beruf

Sinnvoll ist der Einsatz von so genannten „Freiwilligen-Koordinatoren bzw. -Koordinatorinnen" für die Arbeit mit Freiwilligen vor Ort. Diese Aufgabe dient der Unterstützung und Förderung der lokalen Freiwilligenarbeit. Es ist auch sinnvoll, wenn sich in den ehrenamtlichen Führungsgremien (vor Ort, aber auch auf allen anderen Verbandsebenen) Vorstandsvertreter gezielt der Aufgabe „Förderung des freiwilligen Engagements" annehmen. Auf weiteren Verbandsebenen oder in größeren Einrichtungen sollten dann hauptamtliche „Freiwilligenmanager und -managerinnen" die Aufgaben der strategischen Förderung des Engagements und der gesamtverbandlichen Entwicklung von nachhaltigen förderlichen Rahmenbedingungen fürs freiwillige Engagement übernehmen.

Sowohl der Beruf „Freiwilligen-Koordination oder -Manager/in" als auch das „Freiwilligenmanagement" sind nicht unbedingt etwas gänzlich Neues (Kegel 2001b). In machen Organisationseinheiten bestehen bereits entsprechende Managementstrukturen und es werden in der Praxis einige oder auch alle Aufgaben des Freiwilligen-Managements seit längerem umgesetzt. Relativ neu ist die Bezeichnung „Freiwilligen-Management", diese und das damit benannte Management-System sind Mitte der neunziger Jahre von der Akademie für Ehrenamtlichkeit Deutschland aus den USA und Großbritannien übernommen und für die deutschen Verhältnisse weiter entwickelt worden.

Service-Funktion für die Freiwilligen

Seit wenigen Jahren entwickelt sich dieses neue Berufsfeld, es werden Menschen in den Trägerorganisationen des freiwilligen Engagements in Deutschland mit dieser speziellen Aufgabe eingestellt oder betraut. Sowohl das Berufsbild als auch das Berufsfeld ist in einem dynamischen Entwicklungsprozess. Wichtig ist zu verstehen, dass diese Aufgabe eine ganz klare Service-Funktion für die Freiwilligen hat. Damit sitzt ein Freiwilligen-Manager häufig zwangsläufig zwischen den Stühlen: Er muss die Arbeit der Freiwilligen in der Organisation fördern, vertritt einerseits die Interessen der Freiwilligen und andererseits die der Organisation oder Einrichtung. Außerdem sollte auch das Informationsinteresse der Öffentlichkeit im Blick sein.

Deshalb ist es wichtig, dass für diese Management- und Koordinationsfunktionen entsprechend qualifizierte Mitarbeiter tätig werden. Trotz manchmal gehörter gegenteiliger Meinung: Dieser Aufgabenbereich erledigt sich nicht „so nebenbei".

Die Existenzberechtigung des Dritten Sektors wird sich dadurch erweisen, dass es gelingt, die Managementfähigkeit der NPO auf ein nachhaltiges Freiwilligen-Management auszuweiten. Ein professionelles Freiwilligen-Management mit entsprechend qualifizierten FreiwilligenkoordinatorInnen und FreiwilligenmanagerInnen verschafft den Engagementinteressierten und den bereits aktiven Freiwilligen genau definierte Möglichkeiten, ihr Engagement umzusetzen und ihre vielfältigen Fähigkeiten und Fertigkeiten in die Aufgabenerfüllung der NPO einzubringen. Je besser das Freiwilligen-Management arbeitet, um so größer ist der Wettbewerbsvorteil, den die NPO durch den Einsatz von Freiwilligen hat. Eine Vielfalt des (Dienstleistungs-) Angebots, eine gute Kooperation zwischen Haupt- und Ehrenamt, und eine Selbstdarstellung der NPO als Freiwilligenorganisation sind im Wettbewerb klare Vorteile. Darauf kann eigentlich keine NPO verzichten.

3. Praxis des Freiwilligen-Managements und dessen Methoden

Carola Reifenhäuser

„Jeder Mensch braucht eine Tagesdosis an Bedeutung für andere … Kein Mensch kann 100 Prozent Freiheit leben."
Klaus Dörner, Psychiater und Psychiatrie-Kritiker
(Chrismon 09.2008 S. 26)

3.1 Gewinnung von Menschen für ein Engagement

Es gibt grundsätzlich zwei Wege, Menschen für ein Engagement zu gewinnen: Entweder man sucht als Gruppe, Verband, Einrichtung etc. ganz allgemein nach Menschen und spricht alle an, die sich engagieren wollen. Meldet sich jemand, schaut man, wo man den Interessenten am besten einsetzen kann. Diese Art der Gewinnung von Freiwilligen ist weit verbreitet. Die Erfahrung der letzten Jahre zeigt jedoch, dass sich immer weniger Menschen dadurch angesprochen fühlen, vielleicht auch aufgrund der Vielzahl von ähnlich klingenden Angeboten. Der Wettbewerb zwischen den not-for-profit Organisationen um Engagierte ist größer geworden. Häufig werden auch Bekannte, Verwandte und Nachbarn angesprochen, um sie von einem Engagement zu überzeugen. Manchmal wird man damit sicher auch Erfolg haben, ob man jedoch auf diese Weise die Freiwilligenarbeit in der eigenen Organisation insgesamt nachhaltig sichern kann, scheint fraglich.

Gewinnung von Freiwilligen

Der andere Weg ist neu und für viele vielleicht ungewöhnlich, zeigt aber in der Praxis sehr gute Resultate.

Hier geht man vom Bedarf der Organisation aus. Man überlegt sich vorher, für welche konkreten Aufgaben man Freiwillige sucht und beschreibt ihre Mitmachmöglichkeiten und konkreten Aufgaben. Man überlegt auch, welche Talente und Fähigkeiten jemand bereits mitbringen sollte und in welcher Gruppe von Menschen man am ehesten fündig werden könnte. Danach macht man „Werbung" in einer Form, die genau diese Zielgruppe(n) anspricht. Man konzentriert sich somit bei der Gewinnung auf bestimmte Bevölkerungsgruppen und bewirbt diese aber dann sehr konkret und gezielt.

Bedarfsorientierter Ansatz

Dieser bedarfsorientierte Weg der Gewinnung von Freiwilligen wird die Basis für die nachfolgenden Kapitel bilden.

Personenorientierter Ansatz

Gleichzeitig ist es wichtig, für den personenorientierten Weg offen zu bleiben. Das heißt wenn ein Interessierter mit Ideen für sein Engagement zu Ihnen kommt, versuchen Sie es mit ihm zu verwirklichen, wenn es zu den Zielen und Aufgaben Ihrer Organisation passt.

3.2 Der Engagement-Zyklus

Der Engagementprozess

Versucht man nun, die Arbeit mit Freiwilligen von der Gewinnung über die Begleitung bis hin zur Verabschiedung in ihrer zeitlichen Abfolge zu beschreiben, so lässt sich hieraus ein Engagementprozess beschreiben, der als Grafik dargestellt den Engagement-Zyklus bildet. Jeder Schritt des Kreises wird nachfolgend in einem eigenen Kapitel erläutert und zum Teil mit Praxisbeispielen und Tipps für die Umsetzung ergänzt. Eine Navigationsleiste am Anfang jedes Kapitels zeigt Ihnen, wo Sie gerade im Engagement-Zyklus stehen. Dies wurde auch in dem Handbuch für das Ehrenamt der Volkssolidarität des Bundesverbandes e.V. verwendet (vgl. Volkssolidarität Bundesverband e.V. 2008).

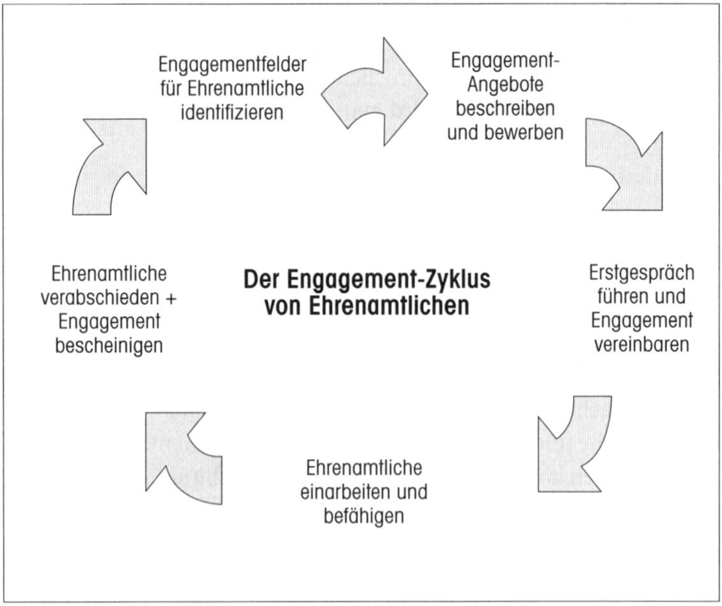

Abb. 19: Der Engagement-Zyklus von Ehrenamtlichen

3.3 Engagementfelder für Freiwillige identifizieren oder „Welche Aufgaben können Freiwillige bei uns überhaupt übernehmen?"

Engagementfelder für Ehrenamtliche identifizieren	Engagementangebote beschreiben und bewerben	Erstgespräch führen und Engagement vereinbaren	Ehrenamtliche einarbeiten und befähigen	fördern, qualifizieren und anerkennen	verabschieden und Engagement bescheinigen

Sucht man nach attraktiven Aufgaben für Freiwillige, geht man am besten systematisch vor, um tatsächlich alle möglichen Bereiche zu erkennen und evtl. auch neue zu entdecken. Wenn viele Einsatzmöglichkeiten für Freiwillige beschrieben werden, steigt die Chance, ein Angebot zu finden, das den individuellen Bedürfnissen und Kompetenzen der einzelnen Interessierten entspricht (vgl. Schöffler 2006). Mit den folgenden drei Schritten sollten alle Aufgaben beschrieben werden können, die sich für freiwilliges Engagement eignen, bzw. auch die, die sich dafür nicht eignen.

Entdecken neuer Engagementbereiche

Differenzierte Angebotsformen

Geeignete und nicht geeignete Aufgaben

1

Schreiben Sie alle **großen Tätigkeitsfelder** auf, die es bei Ihnen in der Organisation gibt. So kommen Sie auch an neue Engagementmöglichkeiten, an die Sie zuvor noch gar nicht gedacht haben.
Sammeln Sie nun für jeden Bereich grob die anfallenden **Aufgaben**. Sie sollten damit theoretisch alle Aufgaben auf dem Tisch haben.
Beurteilen Sie nun, welche Aufgaben geeignet und attraktiv für Freiwillige sein könnten und welche nicht. Vielleicht lässt sich auch eine Aufgabe bei genauerer Betrachtung weiter in besser geeignete **Teilaufgaben** zerlegen.

Beispiel: Seniorenpflegeheim

		geeignet für Ehrenamtliche?
Pflege/Betreuung		
	Pflege	N
	Betreuung, d.h. Begleitung nach draußen	J
	Vorlesen	J Neu

2

Eine Aufgabe bzw. mehrere kleinere Aufgaben zusammen können nun als mögliches Ehrenamt betrachtet werden, also als Engagementfeld, in dem sich ein (neuer) Freiwilliger engagieren könnte.
Die ehrenamtliche Aufgabe sollte nun genauer beschrieben werden.

Beschreiben Sie also die Aufgabe(n) noch genauer und vor allem das **Ziel** des Ehrenamts. Schätzen Sie ungefähr ab, wie viel **Zeit** (= Einsatzzeit + Weiterbildungszeit + Besprechungszeit) hierfür ein Freiwilliger aufbringen sollte und welche **Fähigkeiten, Fertigkeiten und Kompetenzen** erwartet werden.

Aufgabenprofil „Einzelbegleitung":	
Ziel des Engagements	körperliche und geistige Mobilisierung von Senioren
Beschreibung der Tätigkeiten	Abholen zu Spaziergängen, Hilfe beim An- und Auskleiden, Einkaufsbegleitung, Krankenhausbesuchsdienst, Gespräche mit dem Bewohner führen, Begleitung bei besonderen Unternehmungen, z.B. Kaffeehausbesuch. Keine pflegerischen Tätigkeiten!!
Zeitaufwand und Einsatzdauer	min. 2 Tage pro Woche min. je 2 Stunden 3 x für einen ½ Tag für Ausflüge 1x pro Monat für 2 Stunden Teambesprechung
Einsatzort	Seniorenpflegeheim
erwartete Kompetenzen	Einfühlungsvermögen und Geduld. Wünschenswert wären Erfahrungen im Umgang mit Demenzkranken und Grundkenntnisse in Erster Hilfe.
Kooperation / Vernetzung	Information der verantwortlichen Fachkraft bei besonderen Vorkommnissen.
unterstützende Maßnahmen	Aufwandsentschädigung für angefallene Fahrtkosten, Versicherungsschutz, viel Zeit zum Kennenlernen wird gegeben.
Sonstiges	Vorschläge für Unternehmungen sind willkommen, Engagement für Senioren kann in Absprache mit der Pflegedienstleitung weiter ausgebaut werden. Gemäß unserer Qualitätsstandards ist ein polizeiliches Führungszeugnis erforderlich.

3	Die Beschreibung des Aufgabenprofils ist die Grundlage für die spätere Werbung für ein Engagementangebot. Davor muss aber erst noch ein ansprechender Titel für das Angebot gefunden werden, der beim Leser gleich hängen bleibt. Ein guter Name für unser Beispiel wäre: „Freizeit Freund" – Begleitung bei Spaziergängen. Hier noch weitere Beispiele für die Beschreibung von Engagementmöglichkeiten bei ganz unterschiedlichen Organisationen und Projekten, die besonders kreativ sind: Lernpate, Laufpate, Vorleserin, Öffentlichkeitsarbeiter, Internet-Gestalter, Spenden-Baggerer, Gruppenpate, Freizeitgestalter, Einkaufsbegleiter, Zeitspender, Reisebegleiter, Medienmanager, Lobbyist, Hausaufgabenhelfer, Spielplatzpate, Lernbegleiter, allgemeiner Sozialberater, Wunschgroßeltern, ...

Abb. 20: Beispiel für ein Aufgabenprofil

Aufgabenprofil

Die Aufgaben des zukünftigen Freiwilligen sind nun klar beschrieben und können genau von anderen Aufgaben, z.B. denen von Hauptamtlichen, abgegrenzt werden. Ein Aufgabenprofil wirkt also nach innen in die Organisation. Sowohl die hauptamtlichen Mitarbeiter als auch die Freiwilligen bekommen damit die Sicherheit, was zu ihren Aufgaben gehört und was nicht. Dies ist wichtige Voraussetzung für eine gute Zusammenarbeit zwischen den Freiwilligen und vor allem zwischen den Freiwilligen und den Hauptamtlichen. In dem Sie die hauptamtlichen Mitarbeiter in den Diskussionsprozess einer systematischen Identifizierung von Engagementbereichen bzw. von Aufgaben, die für Freiwillige nicht geeignet sind, mit einbeziehen, bereiten Sie den Boden für eine Akzeptanz der Mitarbeit von Freiwilligen und greifen mögliche Ängste von Hauptamtlichen mit auf.

Einbeziehen der Hauptamtlichen bei der Entwicklung von Engagementbereichen

Um noch klarer die Zusammenarbeit zwischen den Hauptamtlichen und den Freiwilligen zu regeln, sollten die gegenseitige „Abgrenzung" bzw. Unterstützungsmaßnahmen" Bestandteil der Tätigkeitsbeschreibung sein.
Eine genaue Beschreibung der Aufgaben, Zeiten, Fähigkeiten und Fertigkeiten etc. ist aber auch für die klassischen und bekannten Ehrenamts-Funktionen nützlich (Vorsitzende, Stellvertreter der Vorsitzenden, Hauptkassierer, etc.), da dies gerade bei der Übergabe von Ämtern die Suche nach geeigneten Nachfolgern erleichtert.

Klassische Ehrenämter

Nur wenn ein Engagement-Interessierter genau weiß, worauf er sich bei einem Ehrenamt einlässt, kann er sich richtig entscheiden und ist im Nachhinein nicht enttäuscht. Also lieber offen und ehrlich die konkreten Aufgaben des Ehrenamts beschreiben und genau benennen, welche Kompetenzen für die Erfüllung des Vorstandsamtes notwendig sind, gleichzeitig Unterstützung anbieten, um diese Kompetenzen evtl. aufzubauen. Daraus ergibt sich ein Anforderungsprofil (vgl. Abb. 20), das man mit dem zukünftigen Vorstandsmitglied besprechen kann.

Anforderungsprofil

Teilen Sie frühzeitig neuen Freiwilligen mit, welche Aufgaben und welcher Zeitaufwand mit ihrer Tätigkeit verbunden sind und was auf sie zukommt. Sie ersparen sich und den Freiwilligen Ärger und Unzufriedenheit.

Gewinnung von Vorständen

Beginnen Sie bei der Gewinnung von Vorständen frühzeitig, in dem Sie rechtzeitig auf die Suche nach Nachwuchs gehen und diesen durch ein Anforderungsprofil auf seine Aufgaben vorbereiten.

3.4 Engagement-Angebote beschreiben und bewerben oder „Wie gewinnen wir Freiwillige für uns?"

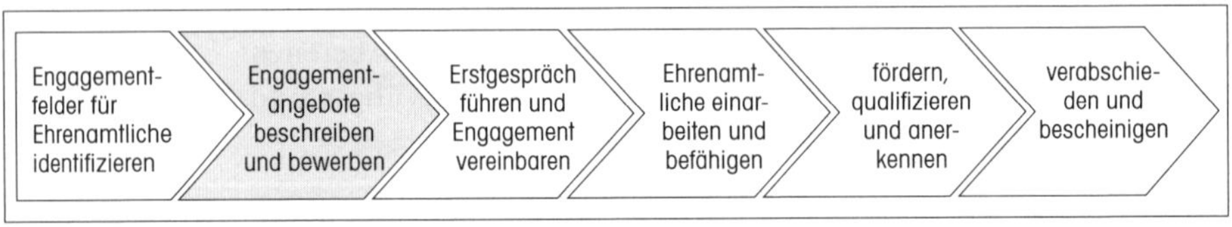

Mit dem klar gewonnenen Bild der freiwilligen Aufgaben lassen sich schon jetzt ganz gezielt Mitglieder oder bekannte Menschen ansprechen.

Engagement-angebot

Um neue Freiwillige zu gewinnen, müssen Sie für sich und die Aufgabe werben und Aufmerksamkeit und Interesse wecken. Ein Engagementangebot wirkt also nach außen in die Öffentlichkeit. Die Erfahrung in der Freiwilligenarbeit der letzten Jahre zeigt, dass die Erfolgschancen, einen neuen Freiwilligen zu gewinnen, deutlich steigen, wenn man weiß, welchen Typ man sucht und wie man dessen Aufmerksamkeit erregt und ihn mit einem Angebot anspricht. Eine europäische Studie hat herausgefunden, „dass die Gründe für eine Nicht-Beteiligung häufig auf mangelnde Ansprache bzw. Information zurückzuführen waren." 47 % der Befragten antworteten mit „keine Zeit", 30 % mit „wurde nie gefragt" (Wadsack 2003, S. 57).

Ca. 30 % der Bevölkerung Deutschlands ist noch nicht freiwillig engagiert, aber interessiert sich dafür, es zu tun. Trotz vieler Aufrufe zum freiwilligen Engagement fühlt sich diese Gruppe anscheinend nicht richtig angesprochen. Die meisten dieser Aufrufe sind sehr allgemein gehalten und nur wenige fühlen sich tatsächlich angesprochen. Um interessierte Menschen für ein Engagement zu gewinnen, sollte man möglichst genau beschreiben können, wen man für welche Aufgaben sucht.

3.4.1 Wen suchen wir überhaupt?

Nicht alle Menschen sind für jede Aufgaben geeignet und „die Freiwilligen" sind auch keine homogene Gruppe, sondern unterscheiden sich schon allein durch Alter, Geschlecht, Lebenssituation, Motive, kulturelle Hintergründe, Fähigkeiten, Erfahrungen, Stärken usw.

Bevor man nun ein Engagementangebot in der Öffentlichkeit bewirbt, muss man sich Gedanken machen, welche Gruppe von Menschen für die gesuchte Aufgabe geeignet erscheint, z.B. Frührentner, Schüler, Handwerker, Menschen mit besonderen Kenntnissen/Fertigkeiten, z.B. Internetexperten, und wie man diese am besten anspricht.

Zielgruppenbeschreibung

Jede Zielgruppe lässt sich durch besondere Merkmale beschreiben. (vgl. *Akademie für Ehrenamtlichkeit Deutschland* 2005)

- Alter, Geschlecht
- sozialer Status
- Erfahrungen
- Bildungsniveau
- Beruf/derzeitige Tätigkeit
- kultureller Hintergrund/Religion
- persönliche Interessen und Werte
- Lernbedürfnisse
- Kontaktbedürfnisse

Wenn man die Lebenssituation, Interessen und Motive der gewünschten Zielgruppe nicht kennt, kann man sie danach fragen; am besten natürlich eine Person dieser Gruppe oder auch jemanden, der die Zielgruppe gut kennt (z.B. Kooperationspartner). Wie kommt man nun aber an diese Menschen heran, wo halten sie sich auf, welche Interessen haben sie und durch welche „Ansprache“ sind sie am besten zu „packen“?

3.4.2 Wie mache ich mein Engagementangebot attraktiv?

Das 5-A-Modell zur Gewinnung von Freiwilligen

Um ein ansprechendes Engagementangebot für die Bewerbung einer freiwilligen Aufgabe zu erstellen, wurde ein Modell entwickelt, das so genannte „5A-Modell“. Am Ende des fünfstufigen Vorgehens steht ein Engagementangebot, das mit einer Stellenausschreibung verglichen werden kann. Bei einem freiwilligen Engagement sollten weniger die Anforderungen und Erwartungen, als der persönliche und gesellschaftliche Nutzen und die Freude im Vordergrund stehen.

Konkretes und attraktives Angebot in der Sprache der Zielgruppe

Menschen, die sich gerne engagieren wollen, fühlen sich durch ein konkretes Angebot, das in „ihrer Sprache“ verfasst und attraktiv beschrieben ist, eher angesprochen als durch allgemeine Botschaften. Denn letztendlich geht es doch darum, die „richtige Frau, den richtigen Mann auf die richtige Stelle – also die richtige Aufgabe und den richtigen Platz – zu bekommen“ (*Akademie für Ehrenamtlichkeit*, 2005, S. 15).

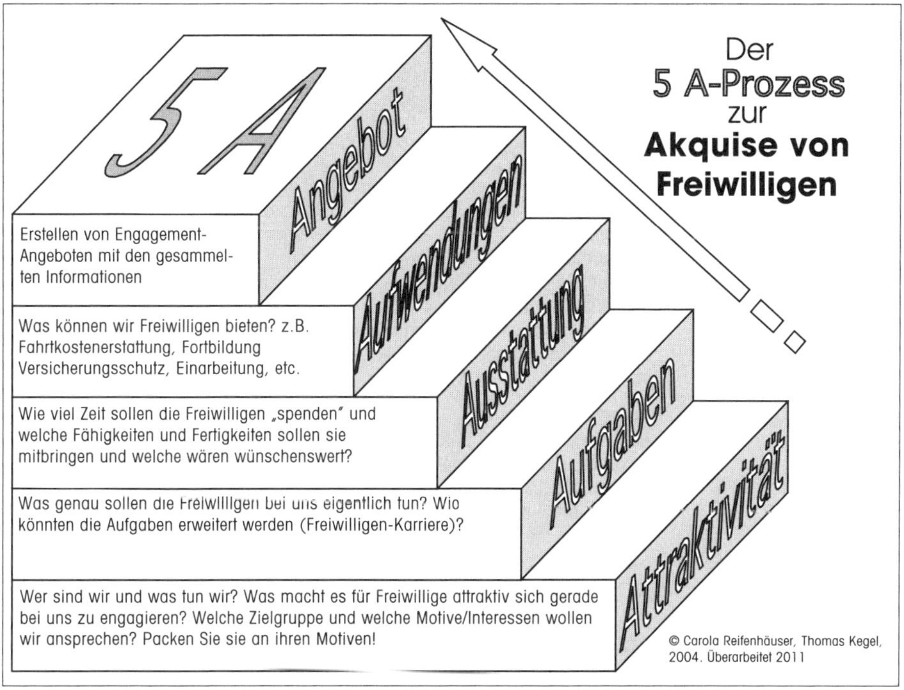

Abb. 21: Der 5 A-Prozess zur Akquise von Freiwilligen

Nachfolgend werden die einzelnen Stufen im Detail beschrieben und es wird jeweils ein Beispiel für ein Engagementangebot genannt.

1	**Attraktivität** Machen Sie in Ihrem Engagementangebot deutlich, warum es attraktiv ist, sich gerade bei Ihnen zu engagieren. Sie können dabei auch gerne die Beweggründe für freiwillig Engagierte aufgreifen (Spaß, mit anderen Menschen zusammenarbeiten, etwas für das Gemeinwohl tun, neue Erfahrungen sammeln) Beispiel: Sie wollen sich schon seit Längerem ehrenamtlich engagieren? Wir sind ein Seniorenpflegeheim mit 120 Plätzen und 70 hauptamtlichen Pflegerinnen und Pflegern sowie 30 ehrenamtlichen Helfern. Wir würden uns über Ihr Engagement freuen. Wir suchen Ehrenamtliche, die neue Freundschaften mit älteren Menschen schließen möchten, um mit ihnen Zeit zu verbringen, zu lachen und interessante Gespräche zu führen. Sie leisten damit einen wichtigen Beitrag zur körperlichen und geistigen Vitalität unserer Bewohner und damit eine Arbeit von hohem sozialem Wert.
2	**Aufgaben** Erklären Sie, was der Ehrenamtliche genau tun soll, also was Sie von ihm erwarten. Geben Sie dem Leser auch die Gewissheit, dass er die Aufgabe zeitlich bewältigen kann. Was ist Ihre Aufgabe? Wir suchen Menschen, die mit einem oder mehreren älteren Menschen spazieren gehen, Unternehmungen machen, ihnen ggf. beim An- und Auskleiden helfen und sie zur körperlichen und geistigen Betätigung ermuntern. Je nach körperlicher Verfassung der Senioren können auch kleinere Ausflüge unternommen werden.
3	**Ausstattung** Beschreiben Sie, was der/die Interessierte an Zeit, an besonderen Fähigkeiten oder Fertigkeiten mitbringen sollte. Wen wir suchen: Wir suchen insgesamt 10 Ehrenamtliche, die an einem oder zwei Wochentagen für jeweils ca. zwei Stunden mit unseren Bewohnern Zeit verbringen. Sie sollten Interesse am Umgang mit älteren Menschen haben und ein offenes Ohr für deren persönliche Lebensgeschichte. Das Engagement ist besonders interessant für Menschen, die sich für den Bereich der Sozialpädagogik oder der Altenarbeit interessieren, aber natürlich auch für alle anderen.
4	**Aufwendungen** Beschreiben Sie, was die Einrichtung oder die Gruppe den neuen Freiwilligen an Gegenleistung oder Unterstützung anbieten kann. Wir bieten Ihnen eine Aufwandsentschädigung für angefallene Fahrtkosten. Sie haben selbstverständlich auch Versicherungsschutz und Sie bekommen von uns eine kurze Einweisung zum Umgang mit den Besonderheiten unserer Bewohner.

5

Angebot

Erstellen Sie nun das eigentliche Angebot mit den gesammelten Informationen und nennen Sie einen Ansprechpartner und eine Telefonnummer, unter der weitere Informationen eingeholt werden können.
Für unser Beispiel wurde ein dreiseitiges Flugblatt für die Werbung erstellt

Sie wollen sich schon seit längerem ehrenamtlich engagieren? Wir würden uns über ihr Engagement freuen. Wir sind ein Seniorenpflegeheim mit 120 Plätzen und 23 hauptamtlichen Pflegerinnen und Pflegern sowie bereits 13 ehrenamtlichen Helferinnen und Helfern.

Wir suchen weitere Ehrenamtliche, die gerne Zeit mit netten Senioren und Seniorinnen verbringen, neue Freundschaften mit älteren Menschen schließen und mit ihnen lachen und interessante Gespräche führen wollen. Sie leisten damit einen wichtigen Beitrag zur körperlichen und geistigen Vitalität unserer Bewohner und damit eine Arbeit von hohem sozialem Wert.

Sie haben Lust, mit einem oder mehreren älteren Menschen spazieren zu gehen, Unternehmungen zu machen, ihnen beim An- und Auskleiden zu helfen und sie zur körperlichen und geistigen Betätigung zu ermuntern? Je nach körperlicher Verfassung der Senioren könnten auch kleinere Ausflüge unternommen werden.

Wir bieten Ihnen eine Aufwandsentschädigung für angefallene Fahrtkosten. Sie haben selbstverständlich auch einen Versicherungsschutz und Sie bekommen von uns eine kurze Einweisung zum Umgang mit den Besonderheiten unserer Bewohner und eine ausgiebige Kennenlern-Phase.

Sie sind gerne in netter Gesellschaft?
Wir suchen eine/n Freizeit-Freund/in.

Ihre Ansprechpartnerin ist: Helga Müller
Tel.: 01234/5678
Seniorenheim xxx,

Abb. 22: Beispiele für Engagementangebote

Die Sätze der fünf Schritte könnten beginnen mit:
- Wir sind …
- Wir suchen …
- Sie haben/wollen/können …
- Wir bieten Ihnen …
- Ihr Ansprechpartner ist …

3.4.3 Wo finde ich Interessierte?

Kreative Werbemittel

Ob man nun ein Engagementangebot als kleine Infobroschüre, als Flugblatt oder Plakat gestaltet, eine Einkaufstüte damit bedruckt oder den Text auf eine Schokoladentafel drucken lässt, die Möglichkeiten sind schier unbegrenzt und man sollte hier durchaus kreativ sein, um die gewünschte Aufmerksamkeit zu bekommen.

Will man z.B. Studenten ansprechen, die in einem Seniorenclub einen Internet-Kurs anbieten sollen, wäre ein Aushang an einer Uni gut, besser wäre sogar eine direkte Suche über das Lehrpersonal oder die Studentenvertretung, um nicht in der Masse der Aushänge unterzugehen.

Schüler und junge Erwachsene könnten über das „Schwarze Brett" der Schule erreicht werden, über eine kleine Anzeige in der Schülerzeitung oder über die Lehrer. Suchen Sie einen Handwerker oder einen handwerklich begabten Menschen, könnten Sie einen Flyer mit Ihrem Engagementangebot bei der Handwerksinnung oder Handwerkskammer auslegen, bzw. in Bau- und Fachmärkten verteilen.

Werbemöglichkeiten

Weitere Anregungen, wie und wo man potenzielle Freiwillige ansprechen kann:
- Bericht in der Tagespresse
- regelmäßige Kolumne „Freiwillige gesucht" in den Druckmedien
- Stand bei Freiwilligen-Börsen oder Freiwilligen-Messen
- Infostand in der Fußgängerzone oder auf Bürgerfesten
- Kooperationen/Partnerschaften mit anderen Einrichtungen wie z.B. Kindergärten, Schulen, Sportvereinen
- Artikel oder Anzeige in den Schülerzeitungen
- Werbe-Spot im Radio
- Plakate und Poster

- Sachbeiträge mit Bezug auf die „großen" Themen der Tagespresse (Arbeitsmarkt, Renten, Armut)
- Postkartenaktion
- „Wir suchen ..." am Brief-, Mail- oder Faxende
- lokale Freiwilligenagenturen

Bewerben Sie Ihr Engagementangebot kreativ und attraktiv. Sie werden sehen, dass dies bei den meisten Menschen nicht als anbiedernd verstanden wird, sondern als mutig und ansprechend. Lassen Sie sich auch nicht von ersten Misserfolgen entmutigen. Zeigen Sie bei Ihrer Werbung das gleiche Engagement, das Sie sich auch von Ihren neuen Freiwilligen wünschen.

3.4.3.1 Freiwillige über Freiwilligenagenturen suchen

In den letzten Jahren haben in vielen Städten und Kommunen so genannte Freiwilligenagenturen oder Freiwilligenzentren eröffnet. Diese Institutionen fungieren als Mittler zwischen Bürgerinnen und Bürgern, die Engagementmöglichkeiten suchen, und Organisationen und Einrichtungen, die Engagementmöglichkeiten anbieten. Die Vermittlung ist kostenlos, da die Agenturen gefördert werden oder durch Spenden finanziert sind. Von einigen Agenturen werden auch Qualifizierungen und andere Dienstleistungen für Freiwillige und Organisationen angeboten.

Freiwilligenagenturen als Mittler

Welche Freiwilligenagentur in Ihrem Ort, oder Ihrer Stadt aktiv ist, können Sie auch im Internet unter www.bagfa.de recherchieren.

3.4.3.2 Freiwillige über das Internet suchen

Immer verbreiteter wird auch die Vermittlung von freiwilligen Engagements über das Internet. Wie bei einer Tauschbörse gibt es hier Anbieter und Suchende. Die Vorteile liegen klar auf der Hand: Mit geringem finanziellem Aufwand kann eine große Gruppe von Menschen erreicht und eine gewisse Vorauswahl getroffen werden. Es gibt allerdings auch Nachteile: Man hat nur begrenzte Möglichkeiten der Selbstdarstellung und man erreicht vornehmlich Menschen, die ohnehin schon die Bereitschaft haben, sich freiwillig zu engagieren.

Hier einige Internetadressen, in die Gesuche gestellt werden können:

Verantwortlicher Betreiber	**Internetadresse**
„Das Ehrenamtsnetz" für Berlin von der Paritätischen Akademie	www.ehrenamt-berlin.de
Privat betriebene Internetseite mit Informationen ums Ehrenamt und mit Angeboten für Menschen, die sich ehrenamtlich engagieren wollen (Angebote bisher nur für Berlin, Dresden, Leipzig)	www.ehrenamtlich.de
Stiftung Gute Tat Internetbasierte Vermittlung von Freiwilligen	www.gutetat.de
Helpedia Gemeinnützige Organisation zur Förderung bürgerschaftlichem Engagements und zur Vermittlung von Ehrenamtlichen	www.helpedia.org
Landesregierung Sachsen-Anhalt	www.engagiert-in-sachsen-anhalt.de
Landesregierung Berlin	www.berlin.de/beeport
Landesregierung Brandenburg	www.ehrenamt.brandenburg.de
Landesregierung Mecklenburg Vorpommern	www.netzwerk-mv.net
Landesregierung Thüringen	www.thueringer-ehrenamtsstiftung.de

Abb. 23: Internetadressen für Gesuche

3.5 Erstgespräch führen und Engagement vereinbaren oder „Wie gestalte ich den Prozess des matching" und „Passen wir zueinander?"

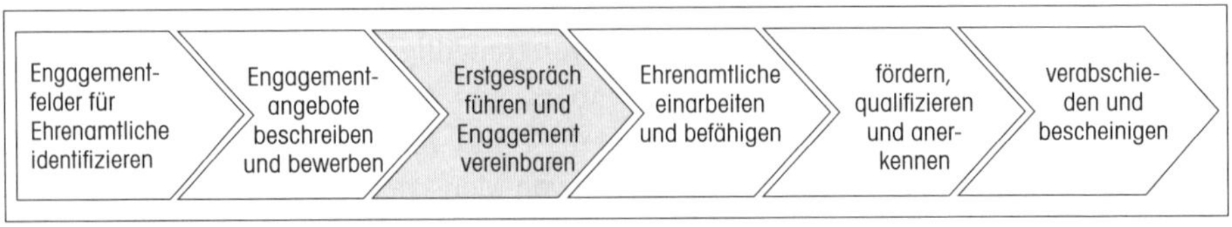

Auf die gezielte Werbung mit einem attraktiven Engagementangebot werden sich Interessenten telefonisch, schriftlich oder persönlich bei Ihnen melden. Nun stellt sich für beide Seiten die Frage: „Passen wir überhaupt zueinander?" Sie sprechen ja auch Menschen an, die bisher noch keinen oder wenig Kontakt zur freiwilligen Arbeit hatten und umgekehrt wissen die Interessierten gar nichts über Ihre Organisation, Ihre Werte, Ziele und Traditionen. Und nicht jeder ist für jedes Engagement geeignet. Um dies alles herauszufinden, sollte man ein so genanntes Erstgespräch (engl. matching) führen. In diesem Gespräch geht es neben dem persönlichen Kennen lernen auch darum, die gegenseitigen Erwartungen und Motivationen abzugleichen und zu entscheiden, ob man zusammenpasst und für welches Engagement der Interessent sich am besten eignet.

Das Erstgespräch: Ziel des Gespräches ist die Frage: „Wie passen wir zusammen?“

Jedes Erstgespräch bedarf einer gewissen Vorbereitung und das Gespräch sollte auch nicht zwischen Tür und Angel oder nur am Telefon geführt werden. Diese Passung herzustellen ist „keine einmalige Aufgabe, sondern ein kontinuierlicher Prozess“ (*Schmidt/Messmer* 2005, S. 32)

3.5.1 Erstgespräch mit Interessenten:

1	**Die Einladung** Laden Sie einen oder auch mehrere Interessenten zum Erstgespräch ein und organisieren Sie Raum, Getränke und ausreichend Zeit. Erklären Sie im Vorfeld, wo Sie zu finden sind und ob Sie z.B. die Fahrtkosten erstatten. Schicken Sie auch, wenn möglich, bereits Informationsmaterial über Ihre Organisation zu.
2	**Vor dem Gespräch** Bereiten Sie sich kurz auf das Gespräch vor und überlegen Sie sich noch einmal, welche Engagementangebote Sie für den Interessenten zur Verfügung haben. Die grundsätzliche Haltung im Gespräch ist „auf einer gleichen Augenhöhe“. Sie führen kein Bewerbungsgespräch!
3	**Im Erstgespräch** **... Sie beginnen das Gespräch** Sie sollten im Gespräch den Anfang machen und nach der Begrüßung sich (auch Ihre Position) und Ihre Organisation kurz vorstellen.
4	**Im Gespräch** **... lernen Sie ihr Gegenüber kennen** Lassen Sie den Interessenten sich anschließend vorstellen und fragen Sie nach Interessen, Fähigkeiten und Erwartungen. Versuchen Sie herauszufinden, welche Motive der Interessent für ein Engagement hat. Fragen Sie, wie viel Zeit ihr Gegenüber zur Verfügung hat und ob das Engagement zeitlich befristet sein soll. Hören Sie aufmerksam zu und zeigen Sie ehrliches Interesse und Wertschätzung, auch wenn Ihr Gegenüber nicht Ihre Erwartungen erfüllt.

5	**Im Gespräch** **... passen wir zueinander?** Stellen Sie dann die möglichen Engagementangebote detailliert vor und überlegen Sie gemeinsam, welches Engagement am besten zu Ihrem Gesprächspartner passen könnte. Überlegen Sie ehrlich, ob die Person sich dafür eignet und sprechen Sie offen darüber, welche Kenntnisse ihrer Meinung nach fehlen und ob und wie man dies durch eine geeignete Qualifizierung oder eine gute Einarbeitung ausgleichen könnte. Auch wenn es schwer fällt, sollten Sie sich nicht scheuen, einen Interessenten abzulehnen, wenn Sie der Überzeugung sind, dass er überhaupt nicht zu den Werten und Zielen Ihrer Organisation passt. Sie ersparen allen Beteiligten viel Zeit und Ärger. Sie können natürlich einen Interessenten, für den Sie aktuell kein passendes Ehrenamt haben, an eine andere Einrichtung oder eine Freiwilligenagentur weitervermitteln.
6	**Im Gespräch** **... was bieten wir dem neuen Freiwilligen?** Haben Sie eine freiwillige Aufgabe gefunden, die zu beiden Seiten gut passt, sollten Sie noch über die konkreten Rahmenbedingungen des Engagements informieren. Diese könnten sein: • ... Beginn und Dauer der Einarbeitung oder Probephase • ... Ansprechpartner • ... Auslagenerstattung (Fahrtkosten, Verpflegung) • ... Versicherungsschutz sowie Rechte und Pflichten (Schweigepflichterklärung, verbindliche Zeiten) • ... Fort- und Weiterbildungsmöglichkeiten • ... persönliche Entwicklungsmöglichkeiten • ... Formen der Anerkennung
7	**Im Gespräch** **... wir sind uns einig und treffen eine Vereinbarung** Für die Zeit der freiwilligen Tätigkeit sollten beide Seiten, die Organisation und der Freiwillige, eine gewisse Verbindlichkeit schaffen. Diese kann in einer Vereinbarung schriftlich festgehalten werden, muss aber in jedem Fall mündlich vereinbart und erklärt werden. Diese Engagementvereinbarung könnte beinhalten **dass der Freiwillige bereit ist ...** • ... die Ziele, Einstellung und Haltung Ihrer Organisation mit zutragen • ... die getroffenen Vereinbarungen über Einsatzzeiten und Aufgaben • ... die Schweigepflicht gemäß der Schweigepflichterklärung zu wahren • ... an Ehrenamtlichentreffen zum Erfahrungsaustausch teilzunehmen • ... an angebotenen Fortbildungen und Supervisionen teilzunehmen **und dass Ihre Organisation bereit ist ...** • ... ausreichend Unterstützung zur Erfüllung der Aufgabe zu bieten • ... angeleiteten Erfahrungsaustausch zu organisieren • ... Mitbestimmung und Meinungsäußerung zuzulassen • ... Rückmeldung zu geben • ... bei Fragen und Schwierigkeiten ein Gespräch in vertraulicher Atmosphäre anzubieten • ... Versicherungsschutz zu geben

Abb. 24: Leitfaden für ein Erstgespräch

3.5.2 Engagementvereinbarung

Das Engagement zu vereinbaren ist ein Prozess, der entweder schon nach dem Erstgespräch abgeschlossen ist oder erst nach einer gemeinsamen Zeit des „Ausprobierens". Viele Organisationen geben zunächst die Möglichkeit einer „Schnupperzeit", in der der Interessierte ausprobieren kann, ob er für die freiwillige Tätigkeit geeignet ist bzw. ob man zueinander passt. Nach dieser Schnupperzeit vereinbart man dann das Engagement.

Das Engagement gegenseitig vereinbaren durch eine schriftliche Freiwilligenvereinbarung

Wichtig ist, dass beide Seiten sich gegenseitig vereinbaren. Das schlägt sich in der mündlichen oder schriftlichen Freiwilligenvereinbarung durch etwa gleichwertige Stichpunkte nieder. Eine Vereinbarung hat immer den Charakter einer Aushandlung und ist somit individuell zu gestalten. Das heißt, manche Punkte sind fest vorgegeben, z.B. Versicherungsschutz, Schweigepflicht, Fahrtkostenerstattung, Teilnahme an Fortbildung, Zuverlässigkeit, Information bei Krankheit. Manche werden individuell hinzugefügt, z.B. Aufgaben des Freiwilligen, zeitliche Verfügbarkeit, keine Annahme von Geschenken, etc. Sinn und Zweck der Freiwilligenvereinbarung ist es, Dinge, die für das Engagement beiden Seiten wichtig sind (also Erwartungen, Rechte und Pflichten) zu kommunizieren und festzuhalten.

Vereinbarungen einführen

Wie könnte man eine solche Vereinbarung einführen? Eine schriftliche Vereinbarung einzuführen, wenn man schon Freiwillige hat, die das nicht kennen, könnte schwer sein. Achten Sie darauf, dass Sie den Inhalt einer solchen Vereinbarung gemeinsam mit den vorhandenen Freiwilligen entwickeln. Weisen sie darauf hin, dass beide Seiten etwas von einer Vereinbarung haben. Auch Sie als Organisation vereinbaren und verpflichten sich dem Interessierten gegenüber (z.B. für Fortbildung zu sorgen).

Muster-Vereinbarung über freiwillige Tätigkeit

Name der Organisation ...

Zwischen der „Non-Profit Organisation" und
Herrn/Frau ....
wird folgende Vereinbarung über eine ehrenamtliche Tätigkeit getroffen:

Herr/Frau .... wird
a) in der Zeit vom .... bis ....
b) ab dem ....
wöchentlich/monatlich ca. .... Stunden im .... freiwillig und unentgeltlich für die „Non-Profit Organisation" tätig.

Herr/Frau .... wird die im Anhang beschrieben Tätigkeiten ausführen.

Von der „Non-Profit Organisation" erhält Herr/Frau ....
- auf Wunsch ein Infopaket mit Informationen über die Organisation und das Einsatzgebiet,
- ein Einführungsgespräch oder eine Einführungsveranstaltung und nach Möglichkeit Fortbildungsangebote,
- Unterstützung und Anleitung durch die Mitarbeiter/innen,
- Haftpflicht- und Unfallversicherungsschutz während des Einsatzes für die „Non-Profit Organisation",
- Pauschale Auslagenerstattung,
- für die Tätigkeit benötigte Arbeitsschutzmittel, Arbeitsschutzbelehrung und Ausrüstung/Material,
- auf Wunsch eine Bescheinigung über die Art und den Umfang der freiwilligen Tätigkeit,
- bei Fragen und Schwierigkeiten ein Gespräch in vertraulicher Atmosphäre.

Herr/Frau .... stimmt zu
- seiner/ihrer allgemeinen Sorgfaltspflicht nachzukommen,
- seine/ihre freiwilligen Tätigkeiten entsprechend den Zielen der „Non-Profit Organisation" durchzuführen,
- an einem Einführungsgespräch oder einer Einführungsveranstaltung teilzunehmen,
- die Schweigepflicht bzgl. vertraulicher Daten einzuhalten,
- während freiwilliger Tätigkeiten mit Kontakt zur Öffentlichkeit eine Identifikations-Plakette der „Non-Profit Organisation" sichtbar zu tragen,
- getroffene Vereinbarungen über Einsatzzeiten und -aufgaben zu erfüllen und eine Verhinderung frühest möglich bekannt zu geben,
- die „Non-Profit Organisation" frühst möglich über die Absicht, die freiwillige Tätigkeit zu beenden, zu unterrichten.

Ort, Datum — Non-Profit Organisation

Ort, Datum — Freiwillige/r

Anlage
Tätigkeitsbeschreibung
Merkblatt für den Einsatz von Ehrenamtlichen beim ...
Leitlinien zum Ehrenamt

Abb. 25: Muster-Vereinbarung über freiwillige Tätigkeiten

3.6 Neue Freiwillige einarbeiten und befähigen oder „Wie befähige ich die Freiwilligen für ihre Aufgaben?“

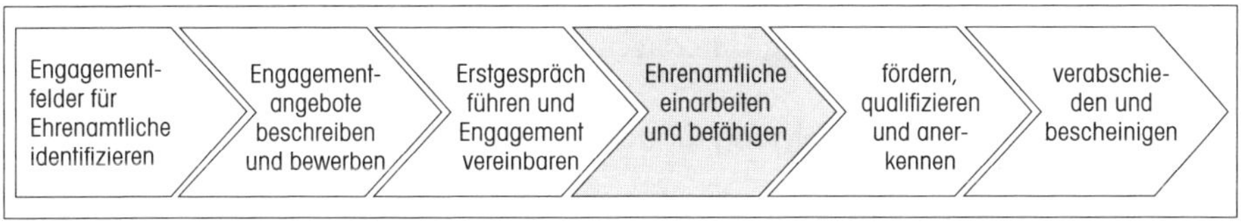

3.6.1 Einarbeitung von neuen Freiwilligen

Eine gute Einarbeitung in ein neues Engagement erleichtert den Start für die Freiwilligen und verhindert, dass unnötige Fehler gemacht werden. In der Realität ist jedoch hierfür häufig wenig Zeit oder es wird schlichtweg vergessen. Auch gibt es nicht immer Übergaben vom bisherigen Amtsinhaber und mit Ausnahme von Gesprächsprotokollen ist die bisherige Arbeit oft unzureichend dokumentiert. Man sollte den Freiwilligen ausreichend Zeit geben, um sich in das für sie neue soziale Gefüge einzuleben, die neuen Aufgaben kennen zu lernen und sich einzuarbeiten. Wird ein Engagement übergeben, sollte man den Vorgänger bitten, seine bisherigen Tätigkeiten und Kontakte sowie die zukünftigen Aufgaben für seinen Nachfolger zu dokumentieren.

Übergabe durch Dokumentation

Zur Einarbeitung eines neuen Freiwilligen sollte im Idealfall ein Einarbeitungsplan mit verschiedenen Stationen und Gesprächspartnern erstellt werden.

Einarbeitung durch einen Einarbeitungsplan

Folgende Punkte sollen dabei berücksichtigt werden:

- die Freiwilligen kennen die Einrichtung, die Einsatzorte, das Gebäude und die Räumlichkeiten;
- die Freiwilligen sind über die offiziellen und inoffiziellen Regeln der Organisation informiert;
- die Freiwilligen sind mit allen, die mit ihnen Kontakt haben werden, bekannt gemacht worden;
- die Freiwilligen sind über das Leitbild, die Ziele und die Arbeitsweise der Organisation, über die Aufgaben und Positionen der Freiwilligen und vor allem über die eigenen Aufgaben und Verantwortlichkeiten informiert;

- die Freiwilligen sind nachweislich in vorhandene Qualitätsstandards, Arbeitsschutzrichtlinien und Notfallpläne der Organisation eingewiesen;
- den Freiwilligen wird schriftliches Material mit allen für ihre Tätigkeit wichtigen Unterlagen übergeben.

3.6.2 Befähigung für das Engagement

Freiwillige bringen vielfältige Erfahrungen und Kompetenzen mit. Es handelt sich hierbei häufig um Qualifikationen aus dem jeweiligen beruflichen Hintergrund, um spezifische Begabungen und Talente und um Kenntnisse, Fähigkeiten und Fertigkeiten, die durch Hobbys und Freizeitbeschäftigungen erworben wurden.

Laienkompetenz

Oft werden Freiwillige gerade deswegen eingesetzt, weil sie eine spezifische Perspektive mitbringen, die Hauptamtliche so nicht einnehmen können. Man spricht hier von Laienkompetenz, und meint damit die ganz eigene Art der Freiwilligen, ihre Tätigkeit anzugehen, z.B. in der Beratung delinquenter Jugendlicher.

Sehr anspruchsvolle freiwillige Tätigkeiten erfordern eine Qualifizierung, bevor der Freiwillige sein Engagement beginnt.

> Zum Beispiel ist in der Telefonseelsorge eine mehrere Monate umfassende Ausbildung Voraussetzung. In Bereichen, in denen man mit Menschen unterwegs ist, ist eine Auffrischung eines „Erste Hilfe Kurses“ angebracht.

Informationstag

„Schnupperzeit“

Um einen guten Start in seinem Engagement zu haben, kann eine kleine Handreichung für Freiwillige interessant sein. Darin könnten für eine erste Orientierung die Mitarbeiter der Organisation stehen, die Ansprechpartner für den Freiwilligen, so genannte „Do´s and Don’ts“ (z.B. Kleiderordnung, Regelung zur Annahme von Geschenken von Klienten, etc.). Auch ein Informationstag für Freiwillige kann diese erste Orientierung geben oder eine „Schnupperzeit“, die es ermöglicht, die freiwilligen Tätigkeiten unter Anleitung auszuprobieren und zu sehen, ob man zueinander passt.

3.6.3 Auslagenerstattung bzw. Aufwandsentschädigung

Um vernünftig das Engagement ausüben zu können, sollte die Organisation dem Freiwilligen seine Auslagen erstatten. In der Regel wird dies gegen Beleg getan. Um regelmäßige Auslagen möglichst unbürokratisch zu begleichen, sollte man besser eine Pauschale bezahlen und nicht jeden einzelnen Beleg abrechnen. Übrigens sind seit Anfang 2008 Aufwandsentschädigungen in Höhe von 2100 € pro Jahr gemäß EStG §10 steuerfrei. „Grundsätzlich besteht die Möglichkeit, dass für bestimmte ehrenamtliche Tätigkeiten in einer gemeinnützigen Körperschaft, in einem gemeinnützigen Verein oder Verband eine pauschale Aufwandsentschädigung (Übungsleiterpauschale) gewährt werden kann (...) Diese steuerfreie pauschale Aufwandsentschädigung gilt unter anderem für folgende ehrenamtlichen Tätigkeiten:

Pauschale Aufwandsentschädigung

- Lehr- und Vortragstätigkeiten, Ausbildungsleistungen, Mentortätigkeiten
- Leiter einer Arbeitsgemeinschaft
- Mannschaftsbetreuer (Sportverein)
- Leitung von Jugendgruppen
- Verantwortliche Tätigkeit in der Erste-Hilfe-Ausbildung
- Alten-, Kranken-, Behinderten-, und Kinderbetreuung bzw. -pflege
- Mütterberatung
- Dirigent und Chorleitung
- Verantwortliche künstlerische Tätigkeiten“ (*Volkssolidarität Bundesverband e.V.* 2008, S. 10)

Die steuerfreie pauschale Aufwandsentschädigung gilt nicht für folgende Tätigkeiten:

- Vorstand
- Mitglied in einem Beirat oder ähnlichen Gremien
- Kassenwart und Beitragskassierer, Zeitschriftenverteiler
- Reinigungspersonal

Ein so genanntes „verantwortliches Ehrenamt“ als Vorstand ist eine unbezahlte Tätigkeit. Ebenso gilt die Steuerfreiheit für Aufwandsentschädigungen nicht für Tätigkeiten in Gewerkschaften, Parteien und politischen Vereinen.

„Neu ist aber die Ehrenamtspauschale. Dieser Freibetrag für Vergütungen aus allen ehrenamtlichen Nebentätigkeiten im gemeinnützigen Bereich gilt auch für Ehrenämter, die nicht die Übungsleiterpauschale in Anspruch nehmen können (z.B. Vereinsvorstände). Sie wirkt praktisch als neue steuerfreie Pauschale für erhaltene Aufwandsentschädigung bis zur Höhe von 500 Euro im Jahr (§3 Nr. 26a EStG)" (*Volkssolidarität Bundesverband e.V.* 2008, S. 13).

3.6.4 Was tun im Konfliktfall?

Freiwilligen-Koordinator als Vermittler oder Schlichter

Ein Freiwilligen-Koordinator sollte Ansprechpartner sein, wenn sich ein Konflikt zwischen Freiwilligen oder zwischen dem Hauptamtlichen und dem Freiwilligen anbahnt. Er ist die Person, die den Konflikt wahrnimmt und „hinschaut", möglicherweise auch die Konfliktparteien darauf anspricht und sie bei der Lösung des Problems unterstützt. Wichtig ist, dass er im Konflikt neutral ist und als Vermittler oder Schlichter auftritt. In diesem Konfliktgespräch geht es nicht darum, den Schuldigen zu finden, sondern um eine für alle Parteien zufrieden stellende und tragfähige Lösung. Der Freiwilligen-Koordinator ist dafür nur dann die geeignete Person, wenn er nicht selbst am Konflikt beteiligt ist.

Für ein Konfliktgespräch ist ein bestimmter Ablauf zu empfehlen, der in Abbildung 26 aus Sicht des Schlichters beschrieben wird.

Es gibt aber auch Konflikte, die nicht „am Tisch" zu lösen sind und über ein oder mehrere Gespräche hinausgehen. Es ist notwendig, schon bei der Planung des Freiwilligen-Managements mögliche Schritte für den Konfliktfall zu vereinbaren.

Freiwilligen-Koordinator als Konfliktmoderator

Konfliktlösungswege beschreiben

Sollten die Konfliktparteien den Konflikt selbst lösen können, ist es gut, sie ihre eigenen Lösungswege gehen zu lassen. Dies kann oder muss manchmal vom Freiwilligen-Koordinator moderiert werden. Kann der Konflikt so nicht beigelegt werden bzw. ist er so groß, dass dies über die Kompetenzen des Koordinators geht, muss eine andere Stelle eingeschaltet werden. Dies könnte der nächste Vorgesetzte sein, die Geschäftsführung oder Vorstandschaft. Es ist deshalb wichtig, diese Wege schon im Vorfeld zu klären, damit Konflikte klar angesprochen werden können und es eine eindeutige Lösung gibt. Denn Freiwillige bleiben nicht lange in einer Organisation, wenn konfliktreiche Situationen lange anhalten.

1	**Konflikt wahrnehmen** Fragen Sie sich: Was ist bisher passiert? Ist es überhaupt ein Konflikt, der von einem unabhängigen Dritten gelöst werden muss oder können die Beteiligten das selbst tun? Und sind Sie überhaupt die geeignete Person, um zu vermitteln, oder sind Sie vielleicht selbst in diesen Konflikt verstrickt?
2	**Vor dem Gespräch** Laden Sie die Beteiligten zu einem Gespräch ein und überlegen Sie, was geklärt und was realistisch und konkret erreicht werden kann. Schaffen sie eine ungestörte und angenehme Gesprächsatmosphäre.
3	**Im Konfliktgespräch** Begrüßen Sie die Konfliktparteien und machen Sie die „Spielregeln" für das Gespräch klar. • Jeder kann seinen Standpunkt darstellen und jeder muss dieses Recht auch seinem Gegenüber einräumen. • Es darf emotional, aber nicht verletzend argumentiert werden. • Es geht nicht darum, einen Schuldigen zu finden, sondern um eine Lösung des Konflikts. Es darf keinen Verlierer geben. Achten Sie im Gespräch auf ausgewogene Gesprächsanteile und auch darauf, dass der Konflikt vollständig auf den Tisch kommt. Sie sind neutral und sollten daher versuchen, alle Seiten zu verstehen. Fragen Sie also gezielt nach und machen Sie sich ein Bild durch die unterschiedlich dargestellten Perspektiven. Versuchen Sie sich, durch Zusammenfassen und Wiederholen dessen, was gesagt wurde, zu vergewissern, dass Sie alles richtig verstanden haben. Achten Sie darauf, dass keine Partei im Gespräch „ihr Gesicht" verliert oder als Verlierer da steht. Alle sollten zur Lösung des Konflikts beitragen bzw. Wünsche an die andere Partei richten können. Eine Lösung sollte so konkret formuliert sein, dass man objektiv überprüfen kann, ob sich später tatsächlich etwas im Verhalten geändert hat. Wenn es Sinn macht, sollte das Ergebnis des Gesprächs schriftlich als Vereinbarung festgehalten werden. Setzen Sie auch Termine, bis wann die Vereinbarungen umgesetzt sein sollten. Vereinbaren Sie bei Bedarf auch einen Termin für ein Nachgespräch, in dem über den Erfolg des Konfliktgesprächs gesprochen wird. Zeigen Sie auch Konsequenzen auf, die notwendig werden, falls der Konflikt nicht gelöst werden kann.
4	**Nach dem Konfliktgespräch** Vergewissern Sie sich, dass alle Parteien die getroffenen Vereinbarungen einhalten und befragen Sie die Parteien, ob der Konflikt nun für sie gelöst ist. Laden Sie noch einmal zu einem Gespräch ein bzw. ziehen Sie die von Ihnen angekündigten Konsequenzen.

Abb. 26: Ablauf Konfliktgespräch

3.7 Freiwillige fördern, qualifizieren und anerkennen oder „Wie setze ich Instrumente der Personalentwicklung für Freiwillige sinnvoll ein?“

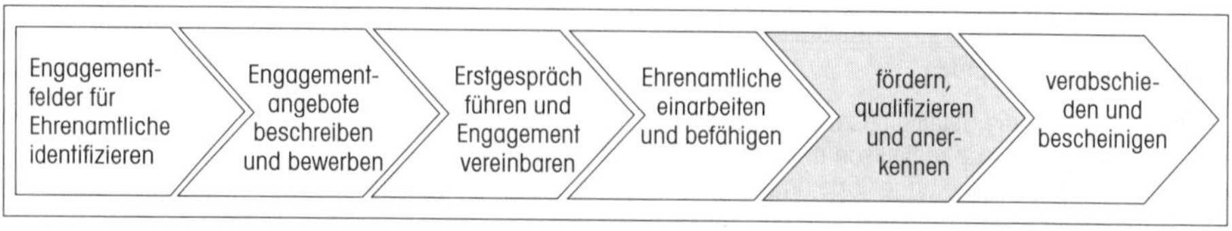

3.7.1 Instrumente der Personalentwicklung für Freiwillige

Sinnvolle Instrumente der Personalentwicklung für Freiwillige

Personalentwicklung nach einer Definition von W. Mentzel (vgl. Mentzel 2008) ist die Förderung und Bildung aller MitarbeiterInnen einer Organisation. Zählt man die Freiwilligen zu den Mitarbeitern einer Organisation? Dies ist sinnvoll, wenn man sich die Anzahl der Personen vor Augen führt, die sich freiwillig engagieren, die oft höher ist, als die der hauptamtlichen Mitarbeiter. Jedoch sollte man die üblichen Instrumente von Personalentwicklung in ihrer Anwendbarkeit für Freiwillige genau betrachten und überprüfen. Folgendes Schaubild beschreibt sinnvolle Instrumente zur Bildung und Förderung von freiwilligen Mitarbeitern (vgl. *Akademie für Ehrenamtlichkeit Deutschland*, 2005).

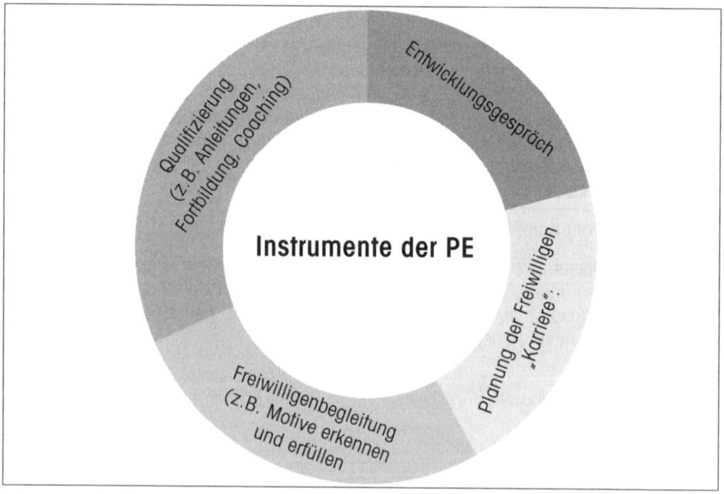

Abb. 27: Instrumente der PE

a) Qualifizierung

Wenn Freiwillige ein Engagement übernehmen, steht Lernen für die meisten nicht im Vordergrund ihres Interesses, sondern sie wollen tätig sein, die Aufgabe soll ihnen Spaß machen und sie wollen mit anderen Menschen zusammen sein und einen Beitrag zum Gemeinwohl leisten. Dass die freiwillige Tätigkeit auch für die berufliche Tätigkeit und die Arbeitsmarktchancen einen Nutzen hat, sehen hauptsächlich jüngere Engagierte. Umgekehrt ist es gerade für ältere Freiwillige wichtig, ihre Erfahrungen und Kompetenzen weiterzugeben und ihr Können unter Beweis zu stellen.

In vielen Engagementbereichen brauchen Freiwillige aber neben der persönlichen Eignung auch fachliches Rüstzeug, um ihre Aufgaben gut ausführen zu können. Da aber nicht jeder von Anfang an das nötige Wissen und Können mitbringt, sollten Maßnahmen zur Qualifizierung für das Engagement möglichst von Anfang an angesprochen und angeboten werden.

Qualifizierung für Freiwillige sollten teilnehmerorientiert und praxisnah sein

Man kann hier verschiedene Wege gehen, die abhängig von der Person und der freiwilligen Aufgabe sinnvoll sind. Immer sollten aber Qualifizierungen für das freiwillige Engagement praxisnah und an den Interessen der Teilnehmenden ausgerichtet sein, Spaß machen und für Freiwillige kostenlos angeboten werden. (vgl. *Burmeister* 2000)

Mentor als Freund und Begleiter

Mentoring: Wird ein bestehendes Engagement übergeben, kann der Vorgänger als Mentor fungieren und seinem Nachfolger die notwendigen Fachkenntnisse vermitteln. Obwohl diese Lösung so simpel und nahe liegend erscheint, wird sie in vielen Fällen nicht realisiert. Entweder wurde nicht rechtzeitig ein Nachfolger gefunden oder der Vorgänger kann sich von seinem Engagement nicht wirklich verabschieden und es fällt ihm schwer, seine von ihm vielleicht viele Jahre mit Liebe erledigten Aufgaben in andere Hände zu geben.

Selbststudium: Eine Befähigung kann auch im Selbststudium über Fachbücher und Fachliteratur erfolgen. Diese sollten den Freiwilligen selbstverständlich kostenlos zur Verfügung gestellt werden oder er sollte Hinweise bekommen, wo er sie sich kostenlos ausleihen kann (Stadtbüchereien etc).

Erfahrungsaustausch: in moderierten 1-2-stündigen Sitzungen können Freiwillige sich über ihre Erfahrungen austauschen. Dies begünstigt eine Reflexion ihrer Arbeit, ermöglicht neue Sichtweisen und hilft, Ideen bzw. Lösungen bei Schwierigkeiten zusammen zu tragen. Diese sehr einfache und kostengünstige „Qualifizierung“ wird von Freiwilligen als sehr wertvoll eingeschätzt.

Kollegiale Beratung: Eine weitere effektive Methode der gegenseitigen Unterstützung ist die kollegiale Beratung. Es handelt sich dabei um eine moderierte Form der Gruppenarbeit, bei der sich die Teilnehmer nach einer vorgegebenen Gesprächsstruktur wechselseitig beraten und probeweise Lösungen für problematische Situationen entwerfen. Nach einem Einführungsseminar können Freiwillige diese Form des Austauschs auch selbstorganisiert durchführen.

Aus-, Fort- und Weiterbildung: Die bekannteste Form der Befähigung ist die Schulung. Hier gibt es eine Vielzahl von Seminaranbietern und die Auswahl des geeigneten Seminars ist nicht immer leicht. Es gibt z.B. langfristige Weiterbildungsmaßnahmen, Fortbildungsseminare, Fachtagungen, Workshops und Erfahrungsaustausch.

Einen Freiwilligen für seine Aufgabe zu befähigen ist eine lohnende Investition, die sich meistens auszahlt, da dies die freiwillige Arbeit professionalisiert und den Freiwilligen aufwertet.

Durch ein Anforderungsprofil mit Hilfe der Selbsteinschätzung des Freiwilligen den Qualifizierungsbedarf herauslesen

Um genau herauszufinden, in welchen Bereichen eine Qualifizierung sinnvoll ist, sollte man das mit dem Freiwilligen besprechen. Oft haben die Freiwilligen selbst Fortbildungswünsche und -interessen. Eine gute Möglichkeit die Anforderungen an das Engagement und die vom Freiwilligen mitgebrachten Fähigkeiten gegenüberzustellen bietet unten stehende Tabelle. Tragen Sie zunächst ein, welche Anforderungen in welchem Maße die freiwillige Tätigkeit grundsätzlich erfordert. Danach können Sie gemeinsam mit dem Freiwilligen mit einem anderen Symbol seine Fähigkeiten eintragen. Bei deutlichen Abweichungen wäre eine Qualifizierung sinnvoll (vgl. *Reifenhäuser* 2004).

Engagement: Hausaufgabenhilfe

		Wenig			stark	
			ausgeprägt			
Anforderung	Dies bedeutet konkret:	1	2	3	4	5
sprachliches Ausdrucksvermögen	kann sich klar und überzeugend ausdrücken; stellt komplizierte Sachverhalte verständlich dar		×		☐	
Auffassungsvermögen	denkt logisch, erkennt das Wesentliche, kann komplexes Material gliedern					☒
Selbständigkeit	bearbeitet Aufgaben ohne fremde Hilfe, ergreift selbst Initiative, sucht neue Ideen und setzt sie um, handelt verantwortlich		×		☐	
Zuverlässigkeit und Loyalität	hält Zusagen ein, kommt regelmäßig, vertritt die Organisation auch gegenüber Dritten					☒
Flexibilität	kann sich auf unterschiedliche Situationen einstellen; ist flexibel im Umgang mit Menschen unterschiedlicher Herkunft				☒	
Durchsetzungsvermögen	kann seine Ziele auch gegen Widerstände umsetzen			☐	×	
Kommunikationsvermögen	kann positive Beziehungen herstellen; fördert Gedanken- und Ideenaustausch; bringt Wert-schätzung gegenüber anderen zum Ausdruck				×	☐
Kontaktfähigkeit	ist freundlich und aufgeschlossen; geht auf andere zu; kann gut zuhören; bringt Gespräche in Gang			×	☐	
Auftreten	tritt sicher auf; macht gepflegten Eindruck					☒
Fachwissen zu aktuellen politischen und sozialpolitischen Themen	ist über aktuelle Themen informiert und kann bei Fragen fundierte Auskunft geben				☒	
andere Fachkenntnisse Computer, etc.	...				☒	

☐ erfordert die Rolle und die Aufgaben des Ehrenamtlichen
× wird durch seine Kenntnisse und Fähigkeiten erfüllt
☒ Anforderung und Fähigkeit sind identisch

Abb. 28: Gegenüberstellung von Anforderungen und Fähigkeiten

Planen Sie Qualifizierungen für bestimmte Engagements immer mit in den Einarbeitungsplan ein, so wird dies als selbstverständlich und nicht als „Schwäche" eines Einzelnen angesehen. Z.B. könnte für neue Vorstände immer eine Moderationsschulung oder ein Mentor vorgesehen werden. Dies könnte auch Interesse an einer Weiterbildung bei den bereits aktiven Freiwilligen wecken. Denn für das Lernen ist es nie zu spät.

Der Coach als Trainer und Rückmelder

Coaching: Seit einigen Jahren setzt sich Coaching als Form des Lernens durch. Ein ausgebildeter Coach begleitet dabei einen Freiwilligen in schwierigen Situationen, wie z.B. bei Präsentationen, Vorstandssitzungen und Gesprächen und gibt ihm, wie ein Trainer beim Sport, Rückmeldungen, praktische Hinweise und Empfehlungen. Coaches gibt es zu bestimmten Themen, wie z.B. Moderation von Gruppen, Präsentation, Gesprächsführung. Das Coaching ist eine effektive Lernmethode, da man sich intensiv mit der Person in der realen Situation befasst.

Supervision: Wenn ein freiwilliges Engagement kontinuierlich mit sehr anspruchsvoller Beziehungsgestaltung zu tun hat (wie z.B. bei der Sterbebegleitung oder bei der Reintegration Straffälliger) ist die Unterstützung durch eine für diese Tätigkeit ausgebildete außen stehende Person unter Umständen hilfreich. Prinzipiell bezieht sich Supervision auf die Reflexion beruflicher Praxis. Aber auch beim freiwilligen Engagement entstehen zuweilen Situationen, in denen es für Einzelne, Teams oder Gruppen sinnvoll ist, mit einem externen Berater ihre Tätigkeit und Beziehungsdynamik zu reflektieren. Ziel einer solchen Supervision ist es, die Arbeits- und Teamfähigkeit zu erhalten oder wiederherzustellen, einem Burnout entgegen zu wirken oder eine Krise zu bewältigen. Schon im Vorfeld sollte die Finanzierung einer Supervision geklärt sein und die Freiwilligen sollten selbstverständlich keinen Eigenbeitrag leisten müssen.

b) Das Rückmeldegespräch

Keine Rückmeldung zu einer geleisteten Arbeit zu bekommen heißt, nicht zu wissen, ob und wie die eigene Arbeit geschätzt wird.

Die Art und Weise, wie man Rückmeldung gibt, ist wichtig

In den regelmäßigen Gesprächen über die Entwicklung und Zufriedenheit der Freiwilligen ist es daher wichtig, Lob, Kritik oder Verbesserungsvorschläge zu äußern und ein offenes Ohr für die Rückmeldungen der Freiwilligen zu haben.

Feedbackgespräche regelmäßig und vorbereitet führen

Eine fundierte Rückmeldung ist eine gute Chance, etwas davon zu hören, was andere über die Tätigkeit und Zusammenarbeit wahrnehmen und denken. Jedoch sollten bei einer Rückmeldung einige Regeln beachtet werden, damit der Freiwillige und man selbst Lob und Kritik gut annehmen kann. Ein solches Gespräch sollte zudem keine einmalige Sache bleiben, sondern möglichst regelmäßig geführt werden.

1	**Die Einladung** Bitten Sie den Freiwilligen zu diesem Gespräch und erklären Sie, dass beide Seiten die Möglichkeit zur Rückmeldung bekommen.
2	**Vor dem Gespräch** Gehen Sie nie unvorbereitet in ein Feedbackgespräch (machen Sie sich Notizen!) Holen Sie sich ggf. von unterschiedlichen Seiten andere Rückmeldungen und Meinungen ein, gerade wenn Sie den Freiwilligen nicht so gut kennen. Sorgen Sie für eine geschützte Gesprächsatmosphäre.
3	**Im Rückmeldegespräch** **... geben Sie dem Freiwilligen das Wort** Erklären Sie absolute Vertraulichkeit und dass alles Gesagte ohne negative Auswirkungen bleibt. Fragen Sie nun den Freiwilligen nach seiner aktuelle Situation und Befindlichkeit. Fragen Sie, was ihm gefällt, was nicht gefällt und was konkret verbessert werden könnte.
4	**Im Rückmeldegespräch** **... nun haben Sie das Wort** Geben Sie nun dem Freiwilligen Ihre Rückmeldung. Versuchen Sie dabei, Wahrnehmung und persönliche Deutung voneinander zu trennen und belegen Sie Ihre Aussagen möglichst immer mit einem aktuellen Beispiel.

Wahrnehmung – Beobachtung – objektive Feststellung	Interpretation – persönliche Einschätzung – subjektive Bewertung
„Mir ist aufgefallen, dass Du dich in den letzten Wochen zurückgezogen hast und seltener als früher das Gespräch suchst."	„Ich habe den Eindruck, dass dich etwas bedrückt." „Ich möchte gerne wissen, ob Du Hilfe benötigst."
„Ich habe dich letzte Woche gebeten, bis Mittwoch die Post fertig zu machen. Am Freitag war die Post immer noch nicht verschickt mit der Begründung, dass Du keine Zeit dafür hattest."	„Ich vermute, du tust Dich schwer damit, Nein zu sagen, obwohl etwas für dich zu viel ist. Ich würde mir wünschen, dass Du zukünftig ehrlich sagst, wenn Du etwas nicht schaffst oder jemanden um Hilfe bittest."

5	**Im Rückmeldegespräch** **... der Blick in die Zukunft** Neben der Rückmeldung zur gemachten Arbeit bzw. zu vergangenen Situationen sollte gemeinsam ein Blick in die Zukunft gewagt werden. Zeigen Sie Möglichkeiten auf, wie sich der Freiwillige noch, vielleicht auch passender, engagieren könnte. Kann man ihm mehr Verantwortung übertragen und will er dies überhaupt? Überlegen Sie auch, welche Qualifizierung sinnvoll wäre, auch in Hinblick auf eine neue Aufgabe.
6	**Im Rückmeldegespräch** **... der Abschluss** Besprechen Sie, wie es weitergehen soll und fassen Sie noch einmal alle getroffenen Vereinbarungen (ggf. schriftlich) zusammen. Vereinbaren Sie, wenn möglich, auch bereits einen Termin für ein neues Gespräch.

Abb. 29: Leitfaden für ein Rückmeldegespräch

Die fünf wichtigsten Spielregeln für persönliche Rückmeldung an eine andere Person sind:

1. Man sollte eine Rückmeldung nur dann geben, wenn man vorher um Einverständnis gebeten hat. Derjenige, der die Rückmeldung bekommt, sollte sich diese vollständig und kommentarlos anhören. Erst danach kann er Stellung dazu beziehen und seine Sicht der Dinge darstellen.
2. Trennen Sie bei einer Rückmeldung deutlich zwischen der objektiven Beobachtung und der ganz persönlichen und subjektiven Meinung. Gehen Sie davon aus, dass zwar alle das Gleiche sehen, aber nicht alle das Gleiche interpretieren.
3. Belegen Sie Ihre Aussagen möglichst mit Beispielen. Zeigen Sie auch Möglichkeiten zur Verbesserung auf und nennen Sie Wünsche für die Zukunft.
4. Verwenden Sie eine Sprache, die Ihr Gegenüber nicht verletzt und vermeiden Sie, so weit es geht, Übertreibungen und Superlative wie „nie“ und „immer“.
5. Sprechen Sie auch von Ihren Gefühlen, die das Verhalten des Anderen bei Ihnen auslösen (Ich-Botschaft)
6. Nennen Sie nicht nur Negatives, sondern auch Positives. Das Feedbackgespräch ist nicht als reines Kritikgespräch gedacht.

c) Das Entwicklungsgespräch

Ungestörte Atmosphäre

Neben den sinnvollen Gesprächen „zwischen Tür und Angel“, in denen man Informationen weiter gibt, Fragen zum Befinden stellt, Übergaben macht, etc. sollte es regelmäßige strukturierte Gespräche in einer ruhigen und vertraulichen Atmosphäre geben. Solche Gespräche dienen der Förderung von Freiwilligen hinsichtlich ihrer weiteren Tätigkeiten in der Organisation und ihrer persönlichen Befindlichkeit und ihres Wohlfühlens.

Schaffen Sie für dieses Gespräch eine angenehme und ungestörte Atmosphäre und nehmen Sie sich ausreichend Zeit.

Das Gespräch kann strukturiert sein in
- einen ersten Teil, in dem es um das Wohlbefinden in der Organisation geht, um die Zufriedenheit mit der freiwilligen Tätigkeit und um Veränderungen in den Motiven für das Engagement;
- einen zweiten Teil, in dem es um gegenseitige Rückmeldungen geht. Wichtig dabei ist, dass beide Partner Feedback geben (siehe „das Rückmeldegespräch);
- einen dritten Teil, in dem es um Weiterentwicklung der freiwilligen Aufgaben und/oder der Person im Engagement geht. Hier könnten Qualifizierungsmöglichkeiten angesprochen, weitere Entwicklungsmöglichkeiten durch eine „Freiwilligen-Karriere“ besprochen und weitere Ziele für die freiwilligen Tätigkeiten vereinbart werden;
- einen vierten Teil, in dem man gegenseitige Vereinbarungen für die weitere Zusammenarbeit trifft und diese möglicherweise in die Freiwilligenvereinbarung aufnimmt.

d) Freiwillige begleiten und Motive erkennen

Von großer Bedeutung ist, „nah dran“ zu sein am Freiwilligen, den Kontakt zu ihm zu pflegen und ihn über die Dauer seines Engagements zu begleiten, Motivveränderungen zu erkennen und für Motivation zu sorgen.

Motive sind der Dreh- und Angelpunkt, um Freiwillige über eine längere Zeit zu halten

Jeder Freiwillige hat ganz persönliche Gründe, seine freie Zeit für das Gemeinwohl, eine gemeinsame Sache oder andere Menschen einzusetzen. Im Gegensatz zu bezahlten Mitarbeitern sind jedoch materielle Gründe vollständig auszuschließen. Die Beweggründe sind also nicht Geld oder finanzielle Sicherheit, sondern Spaß, Gemeinschaftsgefühl, Ideale, Sinn, o.ä. und sie können sich über die Dauer des Engagements verändern (vgl. *Scheier* 1993).

Motivation kommt aus dem Menschen selbst heraus

Laut Expertenmeinung lassen sich Menschen von außen nicht motivieren (vgl. *Sprenger* 1996). Motivation kann einzig und allein aus den Menschen selbst kommen und motiviert ist man nur dann, wenn man in dem, was man tut, einen Sinn sieht. Will man nun die Motivation von Freiwilligen fördern, muss man diese individuellen Beweggründe kennen und dies bei der Gestaltung der freiwilligen Aufgabe sowie der persönlichen Betreuung und Förderung berücksichtigen.

Die Frage, wann jemand mit seinem Engagement zufrieden und bereit ist, dies weiterzuführen und wann jemand kurz davor ist, „die Sachen hinzuschmeißen", hängt von der Aufgabe selbst ab, aber auch von den Rahmenbedingungen, unter denen diese Aufgabe ausgeführt wird.

Schaut man sich die Umfrage zu den Erwartungen von Freiwilligen an, ist „Spaß" das wichtigste Motiv, gefolgt vom Wunsch, in der Gemeinschaft arbeiten zu wollen (*vgl. Abb. 5*).

Motive erkennen und erfüllen

Beides lässt sich gestalten. Was kann man demnach konkret tun, damit Freiwillige zufrieden sind und bleiben? Indem man die Motive jedes Einzelnen erkennt und erfragt, kann man diese erhalten und gute Rahmenbedingungen dafür schaffen. Auch verändern sich Motive im Laufe der Zeit und meist gibt es ein Motivbündel, also eine Vielzahl von unterschiedlichen Motiven für das Engagement. In Gesprächen kann man das herausfinden und darauf reagieren (vgl. *Reifenhäuser* 2005). Aus Befragungen von Freiwilligen kennt man die Wünsche und Erwartungen an die Organisation.

Abbildung 5 zeigt die Erwartungen von Freiwilligen, wie sie im Freiwilligensurvey benannt worden sind.

e) Freiwilligen-Karriere

„Karriereschritte" im Aufgabenprofil herausarbeiten

Das Schaffen von so genannten „Karrieremöglichkeiten" kann das Engagement attraktiver machen und Entwicklungsmöglichkeiten aufzeigen. So gibt es entweder eine Ausdehnung der Menge von Aufgaben (job enlargement) oder eine Veränderung der Aufgaben in ihrer Verantwortung (job enrichment) (vgl. *Mentzel*, 2008). Zum Beispiel kann ein Engagement sich zunächst auf das Eingeben von Adressen, Falten und Verschicken von Programmen sowie die Betreuung eines Werbestandes begrenzen, sich aber dann ausdehnen auf Fundraising-Aktivitäten bis zur Leitung dieses Bereiches. Solche Karrieremöglichkeiten können im Aufgabenprofil festgehalten werden, so dass diese Entwicklungsmöglichkeiten schon zu Beginn des Engagements aufgezeigt und besprochen werden können.

3.7.2 Anerkennungsformen für Freiwillige

Der Schauspieler lebt vom Applaus des Publikums und der Freiwillige lebt von der Anerkennung der Menschen, für die er sich engagiert. Gerade die Arbeit von Freiwilligen, die sich schon lange engagieren, wird oft als so selbstverständlich betrachtet, dass man Lob und Dank nicht mehr für notwendig erachtet. Auf der anderen Seite ist es für manche Menschen nicht einfach, persönliches Lob anzunehmen. Aber niemand kommt wirklich ohne Anerkennung aus, besonders nicht im Engagement.

Dank ist der Lohn in der Freiwilligenarbeit

Wie schafft man es aber, den Freiwilligen angemessen für die geleistete Arbeit zu danken und ihm damit ein Gefühl von Zufriedenheit, Stolz und Bindung zu geben? Anerkennung kann im Kleinen geschehen, aber auch im großen festlichen Rahmen kann die Arbeit von Freiwilligen gewürdigt werden.

Einige Formen werden nachfolgend dargestellt.

Anerkennung durch offizielle Ehrungen

Abhängig von der Kultur und den Möglichkeiten einer Organisation können folgende Auszeichnungen verliehen werden:

- Ehrenpreis
- Ehrenurkunde
- Ehrenplakette
- Ehrenmitgliedschaft
- bronzene, silberne, goldene Nadel

Freiwillige können aber auch außerhalb der Organisation auf Bundes- oder Länderebene geehrt werden, z.B. durch die Überreichung des Bundesverdienstkreuzes o.ä.

Auch eine Einladung oder Entsendung zu offiziellen Veranstaltungen und Empfängen, wie eine Einladung zu einem Jahresempfang des Bundespräsidenten, wird als Anerkennung verstanden.

Anerkennung durch Veröffentlichung

Ob man nun seine Freiwilligen allgemein in der Öffentlichkeit anerkennt oder ob man einen einzelnen Freiwilligen und dessen Arbeit besonders heraushebt: In jedem Fall hat diese Art der Anerkennung eine große Wirkung auf die Genannten. Neben der Ehrung hat eine Veröffentlichung auch indirekt einen Werbeeffekt für die Organisation.

Nicht nur das Projekt, sondern auch die dahinter stehenden Personen benennen

Anerkennung durch persönliche Wertschätzung

Diese Form der Anerkennung ist kostenlos. Sie kostet „nur" ein Gefühl der Wertschätzung und den Mut, dies auch auszusprechen. Dem einen fällt dies schwer, dem anderen leichter. Auch wer glaubt, dass man schon lobt, indem man nicht kritisiert, sollte sich an das schöne Gefühl erinnern, als sie oder er selbst Anerkennung erfahren hat.

Zeit nehmen für Anerkennung

Persönliche Anerkennung sollte jedoch in jedem Fall ehrlich sein und von Herzen kommen und nicht nur die Arbeit, sondern auch die Person hervorheben. Die kleinen Gesten zählen hier und meist reicht es schon, wenn man sich für sein Gegenüber etwas Zeit nimmt und zuhört.

Anerkennung durch Weiterbildung

Qualifizierungswünsche des Freiwilligen berücksichtigen

Neben dem Erwerb notwendiger fachlicher und persönlicher Kompetenzen können Qualifikationen auch zum Ziel haben, dass sich Freiwillige persönlich weiterentwickeln oder für weiterführende Aufgaben befähigen. Menschen, die gerne lernen, empfinden eine solche Qualifizierung oft als besondere Auszeichnung. Eine Weiterbildung sollte aber als Anerkennung für die Freiwilligen erkennbar sein, ansonsten könnte dies von ihnen als Unzufriedenheit mit ihrer Arbeit oder einem Mangel an Kompetenz fehl interpretiert werden. Unabhängig davon, ob die Qualifizierung in Form eines Seminars, oder eines Coachings stattfindet, sollten Sie den Freiwilligen immer mitbestimmen lassen und mit ihm besprechen, was für sein zukünftiges Engagement am sinnvollsten ist.

Anerkennung durch Beteiligung und Selbstbestimmung

Verantwortung und Mitsprachemöglichkeiten sowie das Gefühl, dass Ideen aufgegriffen und umgesetzt werden, wird von vielen Freiwilligen als schönste Form der Anerkennungen für ihr Engagement genannt. Man schenkt etwas von unschätzbarem Wert, nämlich Vertrauen.

Partizipationswünsche der Freiwilligen reichen von „Mitmachen wollen" bis zu „Selbst bestimmen wollen"

Wie viel Verantwortung und Mitsprache jemand will und wie viel Freiraum jemand braucht, ist individuell unterschiedlich und sollte in einem Gespräch erst einmal herausgefunden werden.

Vermitteln Sie den Freiwilligen öfter Ihre Anerkennung - nicht nur am Ende ihres Engagements. Loben Sie zeitnah zur erbrachten Leistung und honorieren Sie größere Leistungen mit etwas mehr, aber erkennen Sie gleiche Leistung bei allen Freiwilligen immer gleich an.

Stellen Sie sicher, dass Sie ihre Aufmerksamkeit gegenüber allen Freiwilligen „gleichmäßig" verteilen!

Die Anerkennungskultur in der Organisation

Gute Anerkennungsformen kann es nur geben, wenn in der Organisation eine „Kultur" der Anerkennung existiert. Eine Kultur entsteht durch gewachsene Normen, Werte und gemeinsam entwickelte Annahmen und ist Grundlage einer Organisationskultur (vgl. Schreyögg 2003). Sie muss von jedem Einzelnen gelebt und von allen tagtäglich am Leben erhalten werden. Hierfür braucht man ein wenig Zeit und vor allem das gute Beispiel der Vorstände, Geschäftsführer und Einrichtungsleiter, also der gesamten Leitungsebene der Organisation und aller Mitarbeiter. „Eine Anerkennungskultur ist also ein in der Organisation und Gesellschaft vorgegebenes Normen- und Wertegefüge, das die Anerkennung von Arbeit (hier ehrenamtliche Arbeit) betrifft" (*Reifenhäuser* 2004, S. 14).

Anerkennungskultur bedeutet, dass Anerkennung in verschiedenen Formen ganz selbstverständlich ausgesprochen wird und eine allgemeine Wertschätzung für Freiwillige auf allen Ebenen spürbar ist. Dies schafft man durch ein öffentliches und eindeutiges Bekenntnis zum Engagement und durch vorbildliches Tun Hauptamtlicher und Freiwilliger.

Wenn sich jedoch Hauptamtliche selbst nicht wertgeschätzt und anerkannt fühlen, werden sie nur schwer Freiwilligen Wertschätzung und Anerkennung entgegenbringen können.

Auch Hauptamtliche müssen anerkannt werden, um selbst anerkennen zu können

Jeder innerhalb der Organisation trägt also seinen Teil zu dieser Anerkennungskultur bei. Beginnen Sie doch gleich morgen damit in Ihrem direkten Umfeld!

Anerkennung kann man auch planen. Wie beispielsweise der „Anerkennungskalender" der Volkssolidarität zeigt, gibt es über das Jahr verteilt viele gute Möglichkeiten, seine Anerkennung zu zeigen.

Abb. 30: Anerkennung rund ums Jahr

Förderliche Bedingungen für Freiwillige in der Organisation	**Was ist konkret zu tun...**
Der Freiwillige fühlt sich weder über- noch unterfordert. Der Umfang und die Anforderung der Aufgabe sind an das Können und die aktuelle Lebenssituation angepasst.	Führen Sie mit Ihren Freiwilligen regelmäßige Gespräche und überzeugen Sie sich, ob diese mit ihrer Aufgabe zufrieden sind und welche fachliche Unterstützung oder Veränderung sie sich wünschen. Zeigen Sie ein offenes Ohr für Probleme und bieten Sie fachliche Unterstützung und Perspektiven zur Weiterentwicklung an.
Freiwillige und hauptamtliche Mitarbeiter kooperieren miteinander und es gibt keine Konkurrenzsituation.	Trennen Sie die Aufgaben von Freiwilligen und Hauptamtlichen klar und deutlich und machen Sie dies auch gegenüber beiden Seiten transparent. Sorgen Sie dafür, dass sich alle Mitarbeiter, ob hauptamtlich oder ehrenamtlich, persönlich kennen lernen. Machen Sie durch den Vorstand und die Leitung deutlich, dass kein Hauptamtlicher wegen einem Freiwilligen ersetzt wird.
Freiwillige fühlen sich in ihrer Rolle wertgeschätzt und ihre Arbeit wird von der Organisation und den anderen Mitarbeitern anerkannt.	Schaffen Sie eine Kultur der Anerkennung, in der Anerkennung für freiwillige Arbeit als wichtigster Motivationsfaktor verstanden wird und diese Kultur auch gelebt wird. Bieten Sie als wichtige Form der Anerkennung eine angemessene Aufwandsentschädigung und geben Sie als Form der Wertschätzung auch regelmäßig eine ehrliche Rückmeldung zur geleisteten Arbeit.
Freiwillige fühlen sich in die Organisation integriert und können hinter den Werten und Zielen stehen.	Lassen Sie die Freiwilligen am Informationsfluss teilhaben und vermitteln Sie ihnen auch die Werte und Ziele der Organisation. Schaffen Sie Orte, an denen sich Freiwillige und Hauptamtliche austauschen können und feiern Sie gemeinsam.

Abb. 31: Förderliche Bedingungen für Freiwillige in der Organisation

3.8 Verabschieden von Freiwilligen oder „Wie gestalte ich den Abschied würdevoll und angemessen?"

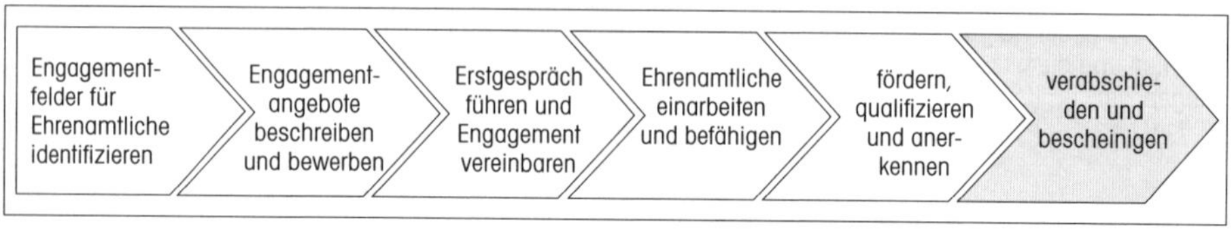

So professionell Sie Freiwillige in Ihrer Organisation aufnehmen, so professionell sollten Sie diese bei ihrem Ausscheiden verabschieden. Auch wenn das Engagement nur kurz und die Aufgabe überschaubar war, wird das Bild der Organisation im Nachhinein auch dadurch geprägt, wie Freiwillige verabschiedet wurden. Ehemalig Engagierte werden Werbung für die Arbeit Ihrer Organisation machen oder eben auch nicht.

Auch ehemals Engagierte sind Werbeträger

Wenn Freiwillige gehen wollen, darf man diese nicht festhalten oder unter Druck setzen. Zum einen wird man damit die Freiwilligen nicht zurückgewinnen, zum anderen werden sie Ihre Einrichtung dann kaum weiterempfehlen.

Man muss also für die scheidenden Freiwilligen einen angemessenen und für alle Seiten angenehmen Abschied gestalten.

Darf man sich von Freiwilligen trennen?
Auch wenn es sehr schwer fällt, sollte man sich in Ausnahmefällen von Freiwilligen trennen. Diese Entscheidung sollte natürlich nicht ohne vorherige Betrachtung aller Meinungen getroffen werden. Ist dann klar, dass die Organisation den Freiwilligen nicht weiter tragen kann, sollte das Engagementverhältnis bewusst beendet werden. Nach dem Leitsatz: „Lieber ein Ende mit Schrecken als ein Schrecken ohne Ende", sollte man möglichst frühzeitig seine Kritik am Freiwilligen äußern und auch im Weiteren die Trennung als letzte Möglichkeit erwähnen.

Man sollte aber auch im schlimmsten Fall Respekt wahren und den Freiwilligen angemessen verabschieden. Finden Sie einen für beide Seiten guten Abschluss!

Bescheinigung des freiwilligen Engagements

Engagement sollte bescheinigt werden

Stellt man Freiwilligen nach Beendigung ihrer Tätigkeit eine Bescheinigung, eine Urkunde oder einen Engagementnachweis aus, ist dies auch eine Form der Anerkennung. Immer häufiger wird dies gerade von jüngeren Freiwilligen gewünscht, da ein Nachweis über ein freiwilliges Engagement bei zukünftigen Bewerbungen oder für Studiumsplätze bzw. Stipendien von Interesse sein kann. Für manche Arbeitgeber ist nachgewiesenes freiwilliges Engagement sogar Einstellungsvoraussetzung!

3.9 Qualitätsmanagement und -aspekte in der Arbeit mit Freiwilligen

Der Qualitätsgedanke im Sinne einer systematischen Messung und kontinuierlichen Verbesserung der eigenen Arbeit wird bereits bei vielen NPOs in der täglichen Arbeit gelebt und ist durch Qualitätsmanagementsysteme (QMS) wie die DIN EN ISO 9001 auch in die Organisation integriert. Qualität ist in aller Munde und dies auch ohne Normen, Zertifizierungen und QMS. Was aber macht die Qualität im speziellen in der Arbeit mit Freiwilligen aus und wie lässt sie sich messen? Im Folgenden sollen hier einige Aspekte näher beleuchtet werden.

Qualität lässt sich nach der allgemein gültigen Philosophie des Qualitätsmanagements grob in die drei Dimensionen Struktur-, Prozess- und Ergebnisqualität gliedern. Übersetzt man dies nun auf das Freiwilligen-Management so lassen sich hieraus folgende Anforderungen an eine Organisation ableiten. Jede Organisation sollte diese Voraussetzung für eine gute Qualität in der Freiwilligenarbeit für sich checken.

Anforderungen an eine Organisation für eine gute Qualität in der Freiwilligenarbeit

- im Leitbild der Organisation wird Bezug auf das freiwillige Engagement genommen;
- die genauen Aufgaben und Kompetenzen der Freiwilligen sind in Aufgabenprofilen beschrieben;
- durch ein systematisiertes Verfahren werden die Erwartungen der Organisation und die Interessen und Erwartungen des Freiwilligen abgeglichen z.B. durch ein Erstgespräch;
- die Freiwilligen werden über ihre Rechte und Pflichten informiert z.B. über eine Handreichung oder eine Engagementvereinbarung;

- in der Organisation gibt es einen Verantwortlichen für die Freiwilligen-Koordination bzw. das Freiwilligen-Management, der auch über ein zeitliches und finanzielles Budget verfügt;
- den Freiwilligen wird Einarbeitung und fachliche Anleitung angeboten;
- die Freiwilligen haben die Möglichkeit der Weiterqualifizierung und Weiterentwicklung;
- es gibt angemessene Formen der Anerkennung und eine in allen Ebenen gelebte Kultur der Anerkennung;
- die Freiwilligenarbeit wird regelmäßig evaluiert und es gibt einen Prozess der kontinuierlichen Verbesserung;
- die Freiwilligenarbeit wird durch die Organisationsleitung aktiv unterstützt und gefördert.

Erfassung von Qualitätskennzahlen für die Freiwilligenarbeit
Um über neue Entwicklungen und langfristige Trends in Bezug auf das Freiwilligenengagement in der eigenen Organisation Aussagen treffen zu können, kommt man nicht umhin, Daten zu erheben und regelmäßig auszuwerten. Mit diesen Qualitätskennzahlen können mögliche systematische Mängel in der Organisation und gesellschaftliche Veränderungen frühzeitig erkannt und darauf reagiert werden. Qualitätskennzahlen sind auch ein unerlässlicher Baustein für den kontinuierlichen Verbesserungsprozess, der Teil des Qualitätsgedankens ist.

Beispiele für Qualitätskennzahlen in der Freiwilligenarbeit

Beispielhaft sollen hier einige Qualitätskennzahlen genannt werden, die für eine Organisation sinnvoll sein können:
- Anzahl der Anfragen für freiwilliges Engagement
- Zugangsweg
- Anzahl der Freiwilligen, die tatsächlich ein Engagement begonnen haben
- Anzahl der beendeten Engagements
- Gründe für die Beendigung des Engagements
- Durchschnittsalter der Freiwilligen
- Anzahl der geleisteten Stunden
- durchschnittliche Engagementdauer
- durchschnittliche Zeitspende …

Werden diese Qualitätskennzahlen über mehrere Jahre hinweg ausgewertet, lassen sich äußerst interessante Schlussfolgerungen ableiten. Allerdings müssen dazu die Daten zunächst einmal regelmäßig erfasst und aussagekräftig dargestellt werden, um sie richtig „lesen“ zu können. Einfache Erfassungs- und Auswertungssysteme sind also gefragt, die möglichst in die täglichen Arbeitsroutinen integriert sind. Zum Beispiel über Strichlisten, Erstkontaktbögen, dokumentierte Abschlussgespräche. Regelmäßig, z.B. am Jahresende, sollte dieses Datenmaterial ausgewertet und mit der Leitung diskutiert werden.

Integration der Freiwilligenarbeit in bestehende Qualitätsmanagementsysteme

Organisationen, die über ein integriertes Qualitätsmanagementsystem, wie z.B. die DIN ISO EN 9001 verfügen, müssen darüber nachdenken, die Arbeit der Freiwilligen und die Arbeit mit den Freiwilligen in das bestehende Qualitätshandbuch zu integrieren. Da auch die Freiwilligen ihren Beitrag zur Dienstleistung der Organisation erbringen, müssen sie auch im Sinne des Qualitätsmanagements als „Mitarbeiter“ betrachtet und somit berücksichtigt werden. Somit sind fast alle Elemente eines QMS, von der Verantwortung der Leitung über die Beschreibung der Prozesse, die Messung, Analyse und Verbesserung, Auswahl und Einarbeitung bis hin zum Personal (Freiwilligen-)Management betroffen und müssen dahingehend überprüft und ergänzt werden. Auch wenn dies in vielen Organisationen noch nicht gemacht wird, so ist in den nächsten Jahren von Seiten der Zertifizierungsgesellschaften mit Forderungen in dieser Richtung zu rechnen.

Literaturverzeichnis

Akademie für Ehrenamtlichkeit Deutschland (Hrsg.) (2009): Fibel Freiwilligen-Koordination Basiskurs. 4. überarb. Aufl. Förderverein für Jugend und Sozialarbeit (fjs). Berlin

AMB generali Holding AG (2008): Engagementatlas 09. Daten Hintergründe Volkswirtschaftlicher Nutzen. Aachen

Arbeitsmaterialien der Akademie für Ehrenamtlichkeit Deutschland (2008) aus den Basiskursen Freiwilligenkoordination und dem Ausbildungsgang Strategisches Freiwilligenmanagement, Berlin

Beher; Krimmer; Rauschenbach; Zimmer (2005): Führungskräfte in gemeinnützigen Organisationen; Münster u. Dortmund

Beher, K.; Krimmer, H.; Rauschenbach, Th.; Zimmer, A. (2008): Die vergessene Elite – Führungskräfte in gemeinnützigen Organisationen; Weinheim und München

Birkhölzer, K.; Kistler, E.; Mutz, G. (2004): Der Dritte Sektor – Partner für Wirtschaft und Arbeitsmarkt; Wiesbaden

Biedermann, C. (2002): Die Zusammenarbeit mit Freiwilligen organisieren. Eine Handlungsanleitung. In: Rosenkranz/Weber, Weinheim und München

BMFSFJ (Hrsg.); TNS Infratest Sozialforschung (2010): Hauptbericht des Freiwilligensurveys 2009. Zivilgesellschaft, soziales Kapital und freiwilliges Engagement in Deutschland 1999–2004–2009. Ergebnisse der repräsentativen Trenderhebung zu Ehrenamt, Freiwilligenarbeit und Bürgerschaftlichem Engagement. München

BMFSFJ (Hrsg.); TNS Infratest Sozialforschung Semikolon (2005): Freiwilliges Engagement in Deutschland 1999–2004. Ergebnisse der repräsentativen Trenderhebung zu Ehrenamt, Freiwilligenarbeit und Bürgerschaftlichem Engagement. München

BMFSFJ (Hrsg.): Zivilgesellschaft, soziales Kapital und freiwilliges Engagement in Deutschland 1999 – 2004–2009. Ergebnisse der repräsentativen Trenderhebung zu Ehrenamt, Freiwilligenarbeit und Bürgerschaftlichem Engagement. München 2010

Brömme N./Strasser H.: Gespaltene Bürgergesellschaft? Die ungleichen Folgen des Strukturwandels von Engagement und Partizipation. In: Aus Politik und Zeitgeschichte, B25–29/2001 S. 6 ff

Bundesministerium für Familie, Senioren, Frauen und Jugend (1996): Ehrenamtliche Tätigkeit und ihre Bedeutung für unsere Gesellschaft. Antwort der Bundesregierung auf die Große Anfrage der Bundestagsfraktionen von CDU/CSU und FDP (Bundestagsdrucksache 13/5674). Materialien zur Qualitätssicherung in der Kinder- und Jugendhilfe. Düsseldorf

Bundesministerium für Familie, Senioren, Frauen und Jugend (2001): Tagungsdokumentation des Fachworkshop Freiwilliges Engagement in Deutschland. 18.12.2001 in Bonn

Burmeister, J. (2000): Qualifizierung für Ehrenamt und Freiwilligkeit. Beiträge zum Ehrenamt 3. 2. akt. Aufl. Robert Bosch Stiftung GmbH. Stuttgart

Dahrendorf R. (1992): Die Zukunft der Bürgergesellschaft. In: Guggenberger, B./Hansen, K. (Hrsg.) Die Mitte. Vermessungen in Politik und Kultur. Opladen

Daneke, S. (2003): Freiwilligenarbeit in der Altenhilfe. Motivieren – organisieren – honorieren. 1. Aufl. München – Jena

Der Duden Etymologie (1997): Herkunftswörterbuch der deutschen Sprache. Duden Band 7 2. Aufl. Mannheim

Deutsches Kinderhilfswerk e.V. (Hrsg.) (2007): Vita gesellschaftlichen Engagements. Studie zum Zusammenhang zwischen früher Beteiligung und dem Engagement bis ins Erwachsenenalter. Berlin

Deutscher Verein für öffentliche und private Fürsorge e.V. (2007); Fachlexikon der Sozialen Arbeit, Baden- Baden

Düx W./Sass E./Prein G./Tully C.J. (2008): Kompetenzerwerb im Freiwilligen Engagement. Eine empirische Studie zum informellen Lernen im Jugendalter. Wiesbaden

Enquete-Kommission „Zukunft des bürgerschaftlichen Engagements" Deutscher Bundestag (2002): Bericht Bürgerschaftliches Engagement: auf dem Weg in eine zukunftsfähige Bürgergesellschaft. Schriftenreihe Band 4. Opladen

Erpenbeck, J./von Rosenstiel, L. (2003): Handbuch Kompetenzmessung. Stuttgart

French, W.L.; Bell jr.; C.H. (1994): Organisationsentwicklung- Sozialwissenschaftliche Strategien zur Organisationsveränderung. Bern, Stuttgart, Wien; 4. Aufl.

Gaskin, K./Smith, J. D./Paulwitz, I. et al (1996): Ein neues bürgerschaftliches Europa. Eine Untersuchung zur Verbreitung und Rolle von Volunteering in zehn Ländern. Freiburg im Breisgau

Gensicke T./Picot, S./Geiss, S. (2005): Freiwilliges Engagement in Deutschland 1999–2004. Ergebnisse der repräsentativen Trenderhebung zu Ehrenamt, Freiwilligenarbeit und bürgerschaftlichem Engagement. Durchgeführt im Auftrag des Bundesministeriums für Familie, Senioren, Frauen und Jugend. München

Gross, P. (1994): Die Multioptionsgesellschaft. Frankfurt/Main

Heins, V. (2002): Das Andere der Zivilgesellschaft. Zur Archäologie eines Begriffs. Bielefeld

Heinze R./Olk T. (1999): Vom Ehrenamt zum bürgerschaftlichen Engagement. Trends des begrifflichen und gesellschaftlichen Strukturwandels. In: Kistler, E. u.a. (Hrsg.): Perspektiven gesellschaftlichen Zusammenhalts. Empirische Befunde, Praxiserfahrungen, Messkonzepte. Berlin

Hering, S. (2007): Bürgerschaftlichkeit und Professionalität. In: Sozial Extra Sonderheft 1. Wiesbaden

Hildebrandt, E. (2007): Erweiterter Arbeitsbegriff und Entgrenzung. In: Engagement und Erwerbsarbeit. Dokumentation der Fachtagung am 8. und 9.11.2007 in Berlin

Hoffmann, S. (2007): Lernkulturen für das Ehrenamt. Vortrag auf der Fachtagung Weiterbildung: gute Angebote, schlechte Nachfrage? Am 6. und 7.12.07 in Köln

Hopfenbeck, W. (1991): Allgemeine Betriebswirtschafts- und Managementlehre, Landsberg/Lech

Kegel, Th. (2001): „Freiwilligen-Manager/in – ein Beruf, der in die Zeit passt" in: Internet-Magazin www.freiwilligen-kultur.de, Ausgabe 03, Berlin, September

Kegel, Th. (2002): „Gute Organisation vorausgesetzt – Aufgaben für das Management von Volunteers" in: Rosenkranz, Doris; Weber, Angelika (Hrsg.) „Freiwilligenarbeit – Einführung in das Management von Ehrenamtlichen in der Sozialen Arbeit", Weinheim u. München

Kegel, Th. (2004); Reifenhäuser, C.; Schaaf-Derichs, C.: „Lehrbuch Strategisches Freiwilligen-Management", Berlin

Kegel, Th.; Reifenhäuser, C.; u.a. (2007): „Volunteer Pocket Guide Freiwilligenkoordination – Das Taschenbuch für die Freiwilligenarbeit in Nonprofit Organisationen – Freiwillige gewinnen, integrieren, begleiten und behalten", Berlin

Kegel, Th.; Reifenhäuser, C., u.a. (2007): „Lehrbuch Strategisches Freiwilligenmanagement, Bd. 2, Die Gute Praxis des Freiwilligenmanagements", Berlin

Küchler, F.; Schäffter, O. (1997): Organisationsentwicklung in Weiterbildungseinrichtungen, Frankfurt am Main

Mentzel, W. (2008): Personalentwicklung. Erfolgreich motivieren, fördern und weiterbilden. München

Meyers (1999) Großes Lexikon Taschenlexikon in 25 Bänden. 7. neu bearbeitete Aufl. Mannheim

Müller, C.W. (1992): Wie Helfen zum Beruf wurde; Bd. 1; Weinheim u. Basel; 2. Aufl.

Müller-Schöll, A. (1983): Sozialmanagement. Zur Förderung systematischen Entscheidens, Planens, Organisierens, Führens und Kontrollierens in Gruppen, Frankfurt/Main.

Müller-Schöll, A. (1983): Warum ich Fortbildung für Manager im sozialen Felde mache – und warum ich es so und nicht anders mache, in: Blätter der Wohlfahrtspflege, 130 1983, 85–87

Nadai, E./Sommerfeld, P./Bühlmann, F./Krattiger, B. (2005): Fürsorgliche Verstrickung. Soziale Arbeit zwischen Profession und Freiwilligenarbeit. Wiesbaden

Olk, T. (1987): Das soziale Ehrenamt. Sozialwissenschaftliche Rundschau Jg. 10, S. 84–101

Oshege, V. (2002): Freiwillige: Produzenten und Träger sozialen Kapitals. Eine empirisch-qualitative Untersuchung zum Engagement in freiwilligen Vereinigungen. Münster

Perels H.U. (1990): Wie führe ich eine Kirchengemeinde? Möglichkeiten des Managements. Gütersloh.

Reifenhäuser, C. (2004): Anerkennungskultur aufbauen. In: Akademie für Ehrenamtlichkeit Deutschland (Hrsg.): Fibel Lehrbuch strategisches Freiwilligen-Management. 1. Aufl. Förderverein für Jugend und Sozialarbeit (fjs). Berlin

Reifenhäuser, C. (2004): Motivation und Weiterbildung von Freiwilligen. In: Stiftung und Sponsoring, Heft 4, S. 5–8.

Reifenhäuser, C. (2005): So motivieren und binden Sie Freiwillige dauerhaft. In: Praxishandbuch SOZIAL MANAGEMENT. Ausgabe 5. Oktober/November 2005/019. Bonn

Reifenhäuser, O. (2007): Gesprächsleitfaden Erstgespräch (S. 24ff.). In: Bundesvereinigung Lebenshilfe für Menschen mit geistiger Behinderung e.V. (Hrsg.): Freiwilligenkoordination. Das Handbuch für die Freiwilligenarbeit in der Lebenshilfe. 1. Aufl. Marburg

Rosenbladt, B. v.: Freiwilliges Engagement in Deutschland: Gesamtbericht. In: Bundesministerium für Familie, Senioren, Frauen und Jugend (Hrsg.) (2001): Freiwilliges Engagement in Deutschland – Freiwilligensurvey. Ergebnisse einer Repräsentativerhebung zum Ehrenamt, Freiwilligenarbeit, und bürgerschaftlichen Engagement. Band 1., 2. korrigierte Aufl. Stuttgart u.a.

Rugor, R./von Studzinski, G. (2003): Qualitätsmanagement nach der ISO Norm. Eine Praxisanleitung für MitarbeiterInnen in sozialen Einrichtungen. 1. Aufl. Weinheim, Basel, Berlin

Schaaf-Derichs, C. (2002): Freiwilligenagenturen in Deutschland. Ergebnisse einer Erhebung der Bundesarbeitsgemeinschaft der Freiwilligenagenturen (bagfa). Ebert, Hartnuß, Rahn, Schaaf-Derichs. Schriftenreihe des Bundesministeriums für Familie, Senioren, Frauen und Jugend, Band 227

Scheier, I. H. (1993): Volunteers wanted. Verlag Energize, Inc.

Schäffter, O. (2001): Weiterbildung in der Transformationsgesellschaft. Zur Grundlegungen einer Theorie der Institutionalisierung. Hohengehren

Schmidt, B./Messmer, A. (2005): Systemische Personal-, Organisations- und Kulturentwicklung. Konzepte und Perspektiven. Bergisch Gladbach

Schmidt, J. (2007): Zivilgesellschaft. Bürgerschaftliches Engagement von der Antike bis zur Gegenwart. Texte und Kommentare. Reinbek

Schöffler, M. (2006): Ehrenamtliche Mitarbeit organisieren. Hannover

Schreyögg, G. (2003): Organisation. Wiesbaden

Schulz von Thun, F. (1989) Miteinander Reden 2. Stile, Werte, Persönlichkeitsentwicklung. Reinbek

Schumacher, U. (2003): Lohn und Sinn. Individuelle Kombinationen von Erwerbsarbeit und freiwilligem Engagement. Opladen

Schwarz, Gotthart (2001): Sozialmanagement, Augsburg

Schwarz, P.; Purtschert, R.; Giroud, Ch.; Schauer, Reinbert (2002); Das Freiburger Management-Modell für Nonprofit-Organisationen; Bern, Stuttgart, Wien

Senge, P. M. (1996): Die Fünfte Disziplin – Kunst und Praxis der lernenden Organisation; Stuttgart

Sievers, B.; Organisationsentwicklung als Lernprozess, in: Trebesch, 2000

Sprenger, R. K. (1996): Mythos Motivation. Wege aus einer Sackgasse. 11. Aufl. Frankfurt/Main

Trebesch, K. (Hrsg.) (2000); Organisationsentwicklung – Konzepte, Strategien, Fallstudien; Stuttgart

Vogt, L. (2005): Das Kapital der Bürger. Theorie und Praxis zivilgesellschaftlichen Engagements. Frankfurt/Main

Volkssolidarität Bundesverband e.V. (Hrsg.) (2008): Gesetz zur weiteren Stärkung des bürgerschaftlichen Engagements. Informationen und Tipps für Mitglieder und Mitarbeiter der Volkssolidarität. Berlin

Volkssolidarität Bundesverband e.V. (Hrsg.) (2008): Das Ehrenamt in der Volkssolidarität. Band 1–8. 1. Aufl. Berlin

Wadsack, R. (Hrsg.) (2003): Ehrenamt attraktiv gestalten. Praxis-Leitfaden für ein Erfolgsmodell Ehrenamt im Verein. Planegg

Zimmer, A. (2002): Dritter Sektor und Soziales Kapital. Münsteraner Diskussionspapiere zum Nonprofit-Sektor – Nr. 19. Münster

Zimmer, A./Vilain M. (2005): Bürgerschaftliches Engagement heute. Schriftenreihe der Stiftung Westfalen-Initiative Band 10. Ibbenbüren

Zimmer, A.; Priller, E. (2007): Gemeinnützige Organisationen im gesellschaftlichen Wandel; Wiesbaden

Linkliste:

Übersicht über Freiwilligenagenturen in Deutschland: www.bagfa.de
Formen der Anerkennung: www.buerger-fuer-buerger.de
Qualität: www.quifd.de, www.bagfa.de
Lernkulturen für das Ehrenamt: www.bildung.koeln.de/materialbibliothek/dokus/ft07/HoffmannReferat.pdf
Bundesnetzwerk Bürgerschaftliches Engagement: www.b-b-e.de
Akademie für Ehrenamtlichkeit Deutschland: www.ehrenamt.de
Beratergruppe Ehrenamt: www.beratergruppe-ehrenamt.de

Wir stellen uns vor

Die beratergruppe ehrenamt (ehem. volunteer consult)
Die beratergruppe ehrenamt ist ein Zusammenschluss von unabhängigen ExpertInnen mit unterschiedlichen thematischen Spezialisierungen aus dem Freiwilligenmanagement und verschiedenen Feldkompetenzen, z.B. Kirche, Naturschutz, sozialer Bereich, Kultur.

Viele soziale und gemeinnützige Organisationen, Verbände, Kirchen und Kommunen wünschen sich Angebote, die auf ihre spezifischen Anforderungen und Wünsche zugeschnitten sind und die direkt bei ihnen vor Ort durchgeführt werden. In der konkreten Arbeit mit Ehrenamtlichen, beim Aufbau von Freiwilligenprojekten und Projekten zur Förderung des bürgerschaftlichen Engagements entstehen oft Fragen, für deren Lösung Beratung, fachliche Expertise und ein externer Blick notwendig sind.

Die beratergruppe ehrenamt findet den geeigneten Experten oder die geeignete Expertin aus dem Netzwerk und unterstützt Sie in beratender Funktion bei der Einführung und Weiterentwicklung Ihrer Freiwilligenarbeit bzw. anderen Fragen rund ums Ehrenamt und bietet maßgeschneiderte Seminare bzw. Ausbildungen zum Thema an.

Wir sind seit 2003 bundesweit und im europäischen Ausland tätig. Alle BeraterInnen und TrainerInnen sind oder waren freiwillig engagiert, verfügen über mehrjährige Erfahrung in der Seminararbeit bzw. Organisationsberatung und haben mindestens eine Zusatzqualifikation, z.B. Sozialmanagement, Gestaltpädagogik, TZI, (Gestalt-) Organisationsberatung.

Unsere Tätigkeitsfelder:
- Auf- und Ausbau von engagementfördernden Strukturen in Organisationen, Projekten, Vereinen und Kommunen
- strategische Ausrichtung der Freiwilligenarbeit
- Berufsbegleitende Weiterbildung von Haupt- und Ehrenamtlichen zu Freiwilligen-KoordinatorInnen und Freiwilligen-ManagerInnen
- Maßgeschneiderte Qualifizierungen und Workshops (inhouse) für haupt- und ehrenamtliche MitarbeiterInnen z.B. zu den Themen Mitgliederaktivierung, Projektentwicklung, schwieriger Umgang mit verschiedenen Freiwilligen

- Gestaltung von Fachtagungen, Großveranstaltungen und Begleitung von Kampagnen zum Thema Bürgerengagement
- Vorträge und Moderationen
- Teamentwicklung, Vorstandsentwicklung, Supervision und Coaching
- Erstellung von Handreichungen, Analysen und Lehrmaterial zum Thema Freiwilligenarbeit
- Veröffentlichung von Fachartikeln und Fachliteratur

Die beratergruppe ehrenamt ist Qualifizierungspartner der Akademie für Ehrenamtlichkeit Deutschland.

Kontakt
Beratergruppe ehrenamt
Carola und Oliver Reifenhäuser
Forster Str. 43
D-10999 Berlin
Tel.: 030 - 69515044
E-Mail: info@beragtergruppe-ehrenamt.de.
Internet: www.beratergruppe-ehrenamt.de

Die Akademie für Ehrenamtlichkeit Deutschland (fjs e.V.)
Wir sind die nationale Freiwilligen-Akademie und das bundesweite Kompetenzzentrum fur Freiwilligen-management. Unser Auftrag ist die Qualifizierung und Fortbildung, Beratung und Organisationsentwicklung in der zivilen Bürgergesellschaft, Politik/Verwaltung und Wirtschaft zur Förderung einer nachhaltigen Freiwilligen-Kultur in Deutschland. Bereits seit 1994 bietet die Akademie für Ehrenamtlichkeit Fortbildungen für Freiwillige, ehren- und hauptamtlich Aktive bundesweit an. Als einzige Institution mit bundesweitem Anspruch und ebensolcher Wirkung bildet die AfED seit 1998 FreiwilligenmanagerInnen und FreiwilligenkoordinatorInnen aus, die sich um ein gutes Freiwilligenmanagement in ihren Organisationen kümmern.

Eine Bilanz der Arbeit der AfED gemeinsam mit der beratergruppe ehrenamt (Stand Mitte 2011):

- 31 Zyklen des Ausbildungsgangs „Strategisches Freiwilligenmanagement“ wurden bis Mitte 2011 bundesweit durchgeführt.
- 70 Durchgänge des „Basiskurs Freiwilligenkoordination“ sind erfolgreich verlaufen.

- Ca. 1.500 Absolventinnen und Absolventen können sich inzwischen mit dem Abschlusszertifikat und Titel „FreiwilligenmanagerIn (AfED)“ oder „FreiwilligenkoordinatorIn (AfED)“ schmücken.
- 7 Durchgänge des Führungskräftekollegs „Bürgerengagement und Management“ haben das Managementwissen des Freiwilligenmanagements speziell auch in die Führungsebenen von Vereinen, Verbänden, Stiftungen und anderen Organisationen getragen.

Die Akademie ist eine Einrichtung des Förderverein für Jugend und Sozialarbeit e.V. (fjs) zu Berlin.
Wir sind Mitglied im europäischen Netzwerk Volonteurope, im Bundesnetzwerk Bürgerschaftliches Engagement BBE, im Berliner Landesnetzwerk Bürgerengagement Aktiv in Berlin. Die AfED wird gefördert durch das Bundesministerium für Familie, Senioren, Frauen und Jugend (bmfsfj), durch das Bundesministerium für Inneres (bmi), Stiftungen und frei eingeworbene Mittel.

Kontakt
Akademie für Ehrenamtlichkeit Deutschland (fjs e.V.)
Herr Thomas Kegel
Marchlewskistr. 27
D-10243 Berlin-Friedrichshain
Tel.: 030 - 2754938
Fax: 030 - 2790126
E-Mail: akademie@ehrenamt.de
Internet: www.ehrenamt.de

Autorenverzeichnis

Carola Reifenhäuser

Diplom Pädagogin, Diplom Sozialpädagogin und Gestaltpädagogin. Selbständige Organisationsberaterin und Trainerin in Profit und Non-Profit-Organisationen tätig. Mitbegründerin der beratergruppe ehrenamt. Langjährige Berufserfahrung in der Personalentwicklung und in der Seminararbeit. Entwicklerin und Ausbilderin des Basiskurses Freiwilligen-Koordination und Freiwilligen-Management.

Thomas Kegel

Diplom Pädagoge, Kommunikationswirt. Leiter der Akademie für Ehrenamtlichkeit Deutschland (fjs e.V.). Langjährige Berufserfahrungen im Bereich Ehrenamt und freiwilliges Engagement in Verbänden. Entwickler und Ausbilder des Basiskurses Freiwilligen-Koordination und Freiwilligen-Management. Mitarbeit (AG Sprecher) im Bundesnetzwerk Bürgerschaftliches Engagement (BBE). Präsidiumsmitglied von Volonteurope – das Europäische Netzwerk für freiwilliges und bürgerschaftliches Engagement.

Sarah G. Hoffmann

Diplomsoziologin, Supervisorin (DGSv*, diplomierte TZI Gruppenleiterin nach Ruth C. Cohn. Selbständige Dozentin und Beraterin für Non-Profit-Organisationen. Langjährige Erfahrung in der Lehre, Forschung und Organisation von beruflicher Weiterbildung. Ehrenamtlich aktiv in den Aus- und Weiterbildungsorganen des Ruth-Cohn-Instituts für Themenzentrierten Interaktion, in einem internationalen Begegnungsverein und in einer Kleingartenkolonie.

Klaus Schellberg

Betriebswirtschaftlehre für Sozialunternehmen

5. überarbeitete Auflage
264 Seiten, Format A4
58 Abb. / Graf. / Tab., Zweifarbdruck
25,80 € (D) / 26,60 € (A) / 46,00 sFr (Softcover)
ISBN 978-3-940 562-66-1

Die Sicherung ihrer wirtschaftlichen und finanziellen Zukunft gehört zu den zentralen Fragen, mit denen sich viele Organisationen der Sozialarbeit heute notgedrungen befassen müssen. Mit anderen Worten: sie müssen betriebswirtschaftlich denken und handeln lernen. Den Luxus, Ökonomie und Soziale Arbeit – „Gewinnmaximierung hier, soziale Gerechtigkeit dort" – als unvereinbare Gegensätze zu sehen und entsprechend zu handeln, kann sich heute niemand mehr leisten.

Aus dem Inhalt:
Grundtatbestände der Ökonomie · Ökonomische Dimension der Sozialen Arbeit · Betriebswirtschaftslehre von Sozialunternehmen · Rechnungswesen · Controlling · Rechtsformen · Strategische Unternehmensführung · Beschaffung · Dienstleistungsproduktion · Personalwirtschaft · Marketing · Finanzierung · Konsequenzen für die Sozialarbeit

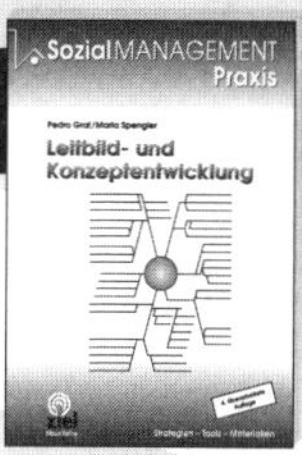

Pedro Graf, Maria Spengler

Leitbild- und Konzeptentwicklung

5. überarbeitete Auflage
128 Seiten, Format A4
50 Abb. / Graf. / Checkl., Zweifarbdruck
25,80 € (D) / 26,60 € (A) / 46,00 sFr (Softcover)
ISBN 978-3-940 562-07-4

In diesem praxisorientierten Leitfaden werden verschiedene Möglichkeiten der Finanzierung der Träger der Freien Wohlfahrtspflege aufgezeigt. Systematisch werden die Grundstrukturen der Finanzierung nach einzelnen Sozialgesetzen wie Arbeitsförderung, Krankenversicherung, Kinder- und Jugendhilfegesetz, Bundessozialhilfegesetz oder Pflegeversicherung dargestellt. Auch die komplizierte Finanzierung über die Strukturfonds der EU wird erläutert. Für das Sponsoring werden rechtliche und strukturelle Fragen geklärt. Ein wichtiger Titel für Führungs- und Leitungskräfte mit einer Fülle wertvoller Ratschläge, Formulare und Checklisten.

Aus dem Inhalt:
Grundstrukturen der Finanzierung · Kostenträger-Leistungsträger-Leistungsempfänger · Pflichtleistungen · Freiwillige Leistungen · Verfahren der Kostenerstattung · Direkte und indirekte Finanzierungen · Zuschüsse – Subventionen – Zuwendungen · Finanzierungsarten · Leistungsentgelte · Sponsoring und Fundraising · Spenden · Stiftungen · Gemeinnützigkeit

Waldemar Kiessling, Florian Babel

Corporate Identity

Strategie nachhaltiger Unternehmensführung
4. überarbeitete, erweiterte Auflage
200 Seiten, Format A4, Zweifarbdruck
anschauliche Praxisbeispiele im Vierfarbdruck
55 Abb. / Cartoons / Checkl.
25,80 € (D) / 26,60 € (A) / 46,00 sFr
ISBN 978-3-940 562-47-0 (Softcover)

Corporate Identity – nach wie vor ein Schlüsselbegriff modernen Managements, ohne dessen Verständnis, Beachtung und sachgerechte Umsetzung weder Konzerne, noch mittelständische Betriebe, noch soziale Organisationen langfristig erfolgreich geführt werden können. Corporate Identity ist Ziel, Herausforderung und dauerhafter Prozess. Anhand einer Fülle praktischer Beispiele und Materialien vermitteln die Autoren nachvollziehbare Konzepte und Wege zur Gestaltung einer nach innen und außen glaubwürdigen Unternehmensidentität. Der Leser findet zahlreiche praktische Tipps und Hilfen. Mehrere Interviews mit nachhaltig agierenden Unternehmern und Leitbildbeispiele zeigen die Umsetzung in die Praxis.

Aus dem Inhalt:
CI-Konzept: CI-Modell, CI-Strategie, Nachhaltigkeitsdreieck – Leitbild eines Unternehmens, Unternehmensphilosophie – Verhalten von Geschäftsführung und Mitarbeitern: Einstellung, Führung und Kritik; Coporate Governance, Beschwerdemanagement, Corporate Social Responsibility – Mitarbeiterkommunikation – Öffentlichkeitsarbeit, Werbung, Sponsoring – Erscheinungsbild – CI-Strategie in der Praxis – CI-Controlling – Unternehmensimage – Praxis-Interviews

Reinhilde Beck, Gotthart Schwarz

Personalentwicklung

Neuerscheinung der 2. überarbeiteten und erweiterten Auflage
264 Seiten, Format A4
117 Abb. / Graf. / Checkl., Zweifarbdruck
25,80 € (D) / 26,60 € (A) / 46,00 sFr
ISBN 978-3-934 214-98-9 (Softcover)

Das Buch ist nicht als eine Rezeptsammlung für schnelle Patentlösungen zu verstehen. In ihm werden Dialoge zusammengebracht, die bisher getrennt und unverbunden geführt werden. Personal- und Organisationsentwicklung bilden nach Auffassung der Autoren eine engvernetzte, untrennbare Einheit. Mit pragmatischer Zielsetzung stellen sie den an praktischer Umsetzung interessierten Führungskräften konkrete Handlungsempfehlungen und Checklisten für folgende Problemstellungen zur Verfügung: Welche Konsequenzen haben veränderte Umfeldbedingungen und Strukturwandel für Personalführung und -entwicklung? Welche Aufgaben, Rollen, Grundhaltungen werden von Führungskräften gefordert? Personalentwicklung als integriertes Konzept der Unternehmensführung. Welche Maßnahmen und Instrumente der Personalentwicklung bieten sich an?

Aus dem Inhalt:
Definition Personalentwicklung · Aufgaben und Ziele · PE als Handlungsfeld · PE als Führungs- und Steuerungskonzept · Entwicklungslinien und Konzepte · Rahmenbedingungen und Prioritäten · Förderung, Qualifikation und Beurteilung von MitarbeiterInnen · Steuerung von Qualität und Erfolg · Entwicklung eines PE-Systems

Fordern Sie den aktuellen Verlagskatalog an oder sehen Sie ins Internet: www.ziel-verlag.de

Bestellungen bitte an:

ZIEL – Zentrum für interdisziplinäres erfahrungsorientiertes Lernen GmbH
Zeuggasse 7–9, 86150 Augsburg
Tel. (08 21) 420 99 77, Fax (08 21) 420 99 78
E-Mail: verlag@ziel.org

Alle Bände dieser Reihe sind mit einer Fülle praktischer Beispiele und anschaulicher Grafiken ausgestattet. Sie präsentieren theoretisches Wissen in verständlicher Sprache und praktische Anregungen in optisch attraktivem Zwei-Farb-Druck. Das DIN A4-Format, die Stichworte am Rande und ausführliche Literaturverzeichnisse erhöhen den Gebrauchswert der Publikationen für die Leser und Leserinnen.

Online www.ziel-verlag.de
... und bei Ihrem Buchhändler!